ESCLAVAG

AU BRÉSIL

L'ESCLAVAGE AU BRÉSIL

DU MÊME AUTEUR :

I. — Étude expérimentale sur l'entrée de l'air dans les veines et les gaz libres intra-vasculaires. Paris, G. Masson, 1875.

II. — Recherches expérimentales relatives à l'action de l'encéphale sur les muscles du système sympathique, in Archives de physiologie de MM. Brown-Séquard, Charcot, Vulpian, 1876.

III. — Sur les gaz libres intra-artériels. Même recueil, 1877.

IV. — Dës effets cardio-vasculaires des excitations des sens (en collaboration avec le Dr A. Charpentier). Même recueil, 1877.

V. — Six expériences d'excitation corticale sur le singe. Même recueil, 1879.

VI. — Le curare : son origine, son action, sa nature, ses usages (en collaboration avec le Dr de Lacerda). Même recueil, 1880.

VII. — Recherches cliniques sur les températures périphériques normales et pathologiques. Même recueil, 1880.

VIII. — Sur les effets des lésions corticales du cerveau. Même recueil, 1881.

IX. — Étude clinique sur l'hémianesthésie mésocéphalique. Paris, G. Masson, 1877.

X. — Les terminaisons nerveuses dans la peau (thèse d'agrégation). Paris, G. Masson, 1878.

XI. — Les études expérimentales au Brésil. Revista Brasileira, 1879.

XII. — Le maté et les conserves de viande. In-8 de 242 pages, rapport de mission. Rio-Janeiro, typographie nationale.

XIII. — L'alimentation au Brésil et dans les pays voisins. Revue d'hygiène de Paris, 1881.

L'ESCLAVAGE

AU BRÉSIL

PAR

Louis COUTY

Ex-professeur agrégé des Facultés de médecine de France,
Professeur à l'École polytechnique et au Muséum de Rio-Janeiro.

AVEC UNE LETTRE DE M. LE SÉNATEUR SCHŒLCHER

PARIS

LIBRAIRIE DE GUILLAUMIN ET Cⁱᵉ, ÉDITEURS
de la Collection des principaux Économistes, des Économistes et Publicistes
contemporains, de la Bibliothèque des sciences morales et politiques,
du Dictionnaire de l'Économie politique,
du Dictionnaire universel du Commerce et de la Navigation, etc.
14, RUE RICHELIEU, 14

1881

AVANT-PROPOS

Le 5 mai 1881, dans la salle du Grand-Orient de France, à un banquet auquel assistaient M. Gambetta, M. Cloué, ministre de la marine, M. Legouvé, M. Hervé-Mangon, M. de Mahy, M. Ruiz Zorrilla et d'autres notabilités françaises ou étrangères, M. Schœlcher prononça un discours ému et entraînant, dans lequel l'état des races noires du Brésil était sévèrement jugé.

Le respecté doyen des antiesclavagistes français qualifiait notamment de mensonge l'acte d'abolition de 1871.

Prenant à parti le premier des abolitionnistes du Brésil, l'empereur don Pedro, il considérait comme une humiliation pour ce souverain de rester seul du monde civilisé à régner sur des esclaves ; et, citant le nom de l'honorable président de la Société abolitionniste de Rio, le vénérable sénateur attribuait à cette association, louable dans son but, mais récente comme existence, et limitée comme moyens, un rôle immédiat auquel personne ne songeait au Brésil.

Ayant lu ce discours dans quelques-uns des journaux où il avait été publié, et notamment dans le *Temps* et la *République française*, je crus devoir offrir à son auteur des renseignements écrits et oraux relativement plus complets; et je ne puis que remercier respectueusement M. Schœlcher de l'accueil si bienveillant qu'il a bien voulu me faire, comme aussi de la réponse si pleine d'esprit pra-

C.

1

tique et de véritable justice qu'il a bien voulu m'adresser, en m'autorisant à la publier.

Tous ceux qui s'intéressent au Brésil seront heureux d'écouter des avis aussi autorisés ; et, pour mon compte, évoluant dans la sphère restreinte qui m'est dévolue, je tâcherai d'aider à ce que l'émancipation soit suffisamment rapide et aussi utile que possible, utile aux malheureux noirs asservis que personne ne plaint plus profondément que moi, utile aussi à un pays qui a bien voulu m'accueillir et quelquefois m'honorer d'une confiance que je voudrais justifier.

J'avais écrit depuis longtemps des observations diverses sur l'état des esclaves au Brésil. J'ai cru devoir les publier à la suite de ces lettres ; et je demande à ceux qui me liront de vouloir bien les excuser lorsqu'elles seront incomplètes, et les relever et les critiquer lorsqu'elles sembleront inexactes.

J'ai fait le possible pour bien voir cette question complexe. J'ai rassemblé des matériaux en voyageant à travers les régions d'esclaves, et en séjournant chez M. Tibiriça, chez M. d'Indaiatua, chez M. Silveira Jordaô, chez M. Ricardo Guimaraês, chez MM Domingos Ferreira, Joaô Martins, I. Correia, da Costa, chez d'autres encore.

Les discussions récentes auxquelles a donné lieu la grosse question de la transformation du travail, les discours de M. Saraïva, de M. Martinho Campos, les interpellations de M. Nabrico, les conférences antiesclavagistes du théâtre San Luiz, les publications de M. de Taunay, les articles si pleins de sens du *Jornal do Commercio*, de la *Gazeta das noticias* ou du *Cruzeiro* ont été autant de mines ou j'ai largement puisé ; et j'ai cherché à faire un tout de ces divers éléments en m'aidant de conversations particulières avec des hommes de la valeur de M. A. de Taunay, ou de M. F. d'Araujo le sympathique écrivain.

Je désire qu'en lisant cette étude où je me suis abstenu de toute citation, mes collaborateurs y retrouvent ce qui leur appartient, et je souhaite qu'ils en approuvent l'esprit et les termes, les moyens et le but.

Monsieur le Sénateur,

Dans le discours que vous avez prononcé devant la Société antiesclavagiste, vous avez donné sur un pays ami de la France une appréciation qui sera vivement ressentie, surtout venant d'un homme de votre caractère et de votre autorité.

Habitant le Brésil depuis deux ans, et chargé d'y étudier les questions de main-d'œuvre et de peuplement, j'ai le devoir de vous offrir un supplément de renseignements, qui modifiera, je le crois, vos opinions actuelles, en vous montrant tout ce que ce pays a déjà fait pour la suppression de l'esclavage.

Si vous le voulez bien, Monsieur le Sénateur, nous resterons sur le terrain des faits, le seul qui permette une entente entre des gens également convaincus, également antiesclavagistes, mais partis peut-être de points de vue différents. Sur ce terrain, il est facile de se convaincre par des observations bien simples qu'une émancipation brusque a été jusque-là impossible au Brésil.

La France, l'Angleterre, l'Amérique du Nord, amenées par des motifs très divers à supprimer cette forme inférieure et coûteuse de main-d'œuvre, ont pu le faire sans danger pour leur existence nationale ou leur évolution économique. Les noirs comptaient pour peu de chose dans la somme de leur travail et de leurs ressources, et le trouble passager de quelques productions locales devait rester sans influence sur le développement général.

Au Brésil, au contraire, toute la richesse nationale et individuelle a toujours été basée sur le travail esclave. Ce pays a essayé des productions industrielles : il a fait des saladeiros pour conserver les viandes, des engenhos pour fabriquer le sucre, les fécules, les alcools, etc.; il possède de grandes installations métallurgiques, en partie anglaises, destinées à extraire l'or, les diamants, le cristal de roche; et partout c'est le noir asservi qui fournit la main-d'œuvre. Ce travail sert aussi de base aux grandes exploitations agricoles auxquelles est due la richesse commençante de ce pays. Le Brésil exporte près de cinq millions de sacs de café, soit les deux tiers de la consommation de cette denrée ; ce café, c'est l'esclave qui le cultive et le prépare, comme c'est lui qui fait le coton, le cacao, la canne à sucre, la manihoc, comme c'est lui qui, dans le Sud, élève le bétail.

Des essais de travail libre ont été tentés sur une large échelle ; mais, jusque-là, ils n'ont réussi que pour certains travaux des villes, ou pour des productions presque naturelles comme le caoutchouc, le tabac, le maté, le cacao. Leurs progrès sont réels; mais ils restent très lents par suite de l'absence d'hommes libres actifs, aptes aux travaux agricoles et capables d'un labeur régulier.

Dans ces conditions, supprimer brusquement l'esclave ce serait supprimer ou diminuer toutes les productions importantes et tarir les sources du revenu national ou individuel; ce serait mettre ce pays neuf, qui prend en Europe et spécialement en France et en Angleterre, ses capitaux et presque tous ses objets fabriqués, dans l'impossibilité de tenir ses engagements et de continuer ses échanges. Je vous le demande, à vous, Monsieur le Sénateur, est-il un seul homme d'État capable de condamner son pays à une banqueroute presque immédiate et à un bouleversement complet?

Il n'y a, malheureusement, aucun doute à avoir sur les résultats possibles d'une émancipation brusque; et, les faits que l'on observe au Brésil sont à ce point de vue spécialement probants.

Ailleurs aussi, aux Antilles, dans l'Amérique du Nord, on a constaté que le noir affranchi cessait, pour la majorité des cas, d'être utile aux travaux agricoles, si bien que, même s'il était actif et intelligent, on le voyait se consacrer à des occupations différentes.

On a cependant pu expliquer ces faits par des interventions accessoires, par la haine de races, par la difficulté d'acheter des terres, par des mesures coercitives injustes ou mal appliquées.

Si nous étudions le Brésil, nous observons d'abord la même antipathie du noir affranchi pour le travail agricole. On a fait, depuis quelques années, des libérations en masse dans certaines exploitations; on a voulu garder les noirs comme ouvriers libres en les payant bien. Combien sont restés? deux à dix pour cent. Chaque jour aussi il y a des libérations isolées, et presque toujours l'esclave qui en est l'objet devient inutile ou moins utile.

Cette diminution de la quantité de travail fourni par les affranchis se produit dans des conditions entièrement normales qui continueront.

Le Brésil a déjà accompli lentement et progressivement presque toute son émancipation. Il conserve, il est vrai, 1,500,000 esclaves noirs ou métis; mais sa population libre compte au moins autant de noirs affranchis, et beaucoup le sont depuis plusieurs générations. A côté de ces noirs de race à peu près pure, on trouve un nombre de métis qui est sûrement beaucoup plus considérable. L'élément noir est prédominant dans la population libre de certaines provinces, comme celle de Bahia; et, hormis quelques régions limitées du Nord et du Sud, il est important dans toutes les autres. C'est le métis, cabocle, caipira ou aggregado, qui peuple en grande partie les campagnes : et, sur ce sol si fertile, il vit facilement, actif à ses heures, capable alors de travaux pénibles, mais sans suite et sans idée d'épargne. On retrouve le métis ou le noir dans les villes; et alors, il sera portefaix, colporteur, étalier, maçon, menuisier, charpentier; il s'élèvera aussi, nous l'allons voir, à des situations plus hautes: mais, aujourd'hui tout au moins, en dehors de la forme de travail servile, il n'a pas pu fournir cette main-d'œuvre suivie, agricole ou industrielle, qui est la condition de l'existence d'un pays; et, dans les essais récents de travail libre, souvent on a dû le suppléer par des étrangers.

Cet état actuel du peuplement sépare déjà complètement le Brésil des autres pays à esclaves où la division des races a toujours été très tranchée, et où le
nombre des affranchis noirs ou métis était resté peu
considérable : mais ce n'est pas encore là le fait le
plus important.

Le fait important et capital, c'est l'étude des mœurs et
des caractères sociaux et non pas celle des races et des
caractères ethniques qui va nous le fournir. Au Brésil,
l'affranchi entre de plein pied dans une société où il
est immédiatement traité en égal, tandis que dans les
Antilles et surtout dans l'Amérique du Nord, il continue
à constituer trop souvent un paria que l'on tolère en
l'annihilant. Au Brésil, non seulement le préjugé de
race n'existe pas, et les unions fréquentes entre couleurs différentes ont formé une population métisse
nombreuse et importante ; mais ces noirs affranchis,
ces métis, sont entièrement mêlés à la population
blanche : ils ont avec elle des rapports intimes et journaliers, et luttent pour la vie dans les mêmes conditions. Ce n'est pas seulement à table, au théâtre, dans
les salons, dans tous les lieux publics ; c'est aussi dans
l'armée, dans l'administration, dans les écoles, dans
les assemblées législatives, que l'on trouve toutes les
couleurs mélangées sur le pied de l'égalité et de la
familiarité la plus complète et la moins affectée.

L'esclave, lui-même, n'est nullement considéré
comme un bétail, comme un être inférieur que l'on
utilise : c'est un ouvrier attaché au sol dans des condi-

tions souvent plus douces que celles dont jouissent beaucoup de nos salariés d'Europe.

Tous ceux qui ont étudié le Brésil reconnaissent que le noir y est bien traité, bien nourri, soigné s'il est malade, conservé s'il est vieux, assuré contre le chômage. Il est vrai, il peut être soumis à des châtiments corporels; mais ceux qui ont tant insisté sur ce point sont-ils sûrs que ces violences, rares du reste, sont plus pénibles dans les conditions où elles se produisent que d'autres châtiments aussi injustes, d'autres misères physiques et morales, si fréquentes dans nos pays civilisés? Du reste, toujours au Brésil, le noir esclave a eu les moyens de sortir de lui-même de sa condition. La tâche qu'on lui impose est généralement peu considérable; et, dans presque toutes les exploitations, on le paye pour son surcroît de travail; libre complètement un jour sur sept, il a presque partout à sa disposition des terres que le maître lui laisse cultiver pour son compte; il peut posséder, et, quoi qu'on ait essayé à diverses reprises, la loi reconnaît depuis longtemps comme légaux ses transactions, ses ventes et ses achats.

Si l'on ajoute que les esclaves des villes et les esclaves domestiques sont traités par leurs maîtres sur le pied d'une grande familiarité, qu'ils deviennent souvent majordomes, hommes de confiance, surveillants, régisseurs, on comprendra sans peine comment le Brésil est arrivé rapidement à constituer son peuplement actuel. On comprendra sans peine que certaines races noires, intelligentes et actives, celles des noirs à visages couturés nommés vulgairement Minas par exemple, soient arrivés en moins de trente ans à se libérer complètement. Mais on comprendra aussi que la question de l'émancipation n'ait jamais pris une grande acuité dans un pays où le noir est l'égal du blanc, dans un pays où un fils d'esclave ou même un affranchi peut aspirer à toutes les situations et devenir, s'il est capable, professeur d'une école, ministre ou général d'armée.

Les métis font remarquer, et ils ont le droit d'en être fiers, que la race supposée inférieure a fourni au Brésil, par son mélange, une grande partie de ses hommes remarquables, de ses administrateurs, de ses hommes d'État, de ses poètes, de ses orateurs. On peut constater aussi que les provinces les plus foncées, comme celle de Bahia, ont été longtemps les plus influentes dans l'État; et les écoles, l'armée, les administrations sont aujourd'hui peuplées en grande partie par des hommes plus ou moins colorés.

Je ne crois pas, Monsieur le Sénateur, que vous puissiez trouver en aucun pays du monde un ensemble de faits aussi probants en faveur des idées que vous avez toujours défendues; et, quelle que soit l'opinion définitive à laquelle on s'arrête, rien n'est plus remarquable que cette influence et souvent cette suprématie conquise aussi rapidement par la race asservie. Mais aussi, il faut savoir le reconnaître, rien ne démontre mieux la supériorité du Brésil sur d'autres nations qui ont fait l'émancipation brusque, ou encore sur des pays qui, après avoir supprimé l'esclavage, l'ont rétabli sous des formes diverses, à la Réunion, aux Guyanes, au Sénégal, à Zanzibar, dans l'Hindoustan, et même aux Antilles et dans l'Amérique du Nord.

Pour la grande nation de l'Amérique du Sud, l'émancipation s'est faite dans les mœurs en même temps que dans les institutions ; et c'est pourquoi elle n'est pas restée un véritable leurre. On ne s'est pas borné à donner aux noirs des droits théoriques dont il leur était difficile d'user, mais on a cherché à les transformer progressivement, à les former à la lutte pour la vie de nos sociétés civilisées, qui, vous le reconnaîtrez, Monsieur le Sénateur, est fort différente de celle des populations africaines.

Là est toute l'économie de ces lois d'émancipation du Brésil que vous avez peut-être trop sévèrement qualifiées.

Le gouvernement ne s'est pas contenté de laisser agir les mœurs ; il a aidé autant que possible à cette transformation ; et, tout le monde le sait à Rio, M. Nabuco que vous citez mieux que personne, son chef actuel, a toujours été le promoteur de toutes les mesures antiesclavagistes.

Sans remonter plus haut, la loi de 1871, cette loi qui assure en moins de trente ans la suppression complète de l'esclavage, est l'œuvre de l'empereur, autant que celle d'un homme d'Etat sorti du peuple, dont la mort récente a été vivement ressentie : Paranhos, vicomte de Rio Branco.

Cette loi ne se réduit nullement à la liberté du ventre ; et elle s'est accompagnée d'autres réformes qui, au point de vue de l'avenir, le seul important dans l'évolution, sont peut-être plus importantes.

Ainsi, en 1871, l'État ou les administrations ont libéré leurs esclaves; et l'on a décidé la création de fonds d'émancipation nationaux, provinciaux, ou municipaux, qui suffiront à hâter considérablement la fin de l'esclavage : déjà, ces dernières années, plus de 50,000 noirs ont été libérés de ce fait ou de celui des libéralités particulières. On a rendu plus difficiles ou impossibles les ventes en les chargeant d'un énorme impôt provincial; on a fait au noir un véritable état civil en créant des registres spéciaux; on a interdit ou limité les châtiments corporels, qui, du reste, sont presque partout excessivement rares ou nuls. N'ayant pas osé se placer au-dessus du droit de propriété individuelle, on a limité la somme à payer par un esclave adulte pour se libérer; on a laissé les jeunes nés après 1871 assujettis jusqu'à 21 ans pour dédommager le maître des dépenses de nourriture et d'entretien, mais on a astreint ce maître à installer pour ces jeunes des écoles spéciales qui déjà, en certains points, commencent à fonctionner. Après avoir fait l'instruction obligatoire pour le fils d'esclave, après avoir veillé à l'observation de toutes ces lois protectrices, un ministre, digne continuateur des hommes de 1871, vient de faire voter par les Chambres, pour les affranchis, l'égalité complète de tous les droits civils ou politiques et la possibilité d'accès à quelques fonctions judiciaires ou électives assez rares, qui, jusque-là, leur étaient fermées.

Enfin l'on a pris d'autres mesures indirectes encore

plus importantes. On a ouvert partout des écoles primaires destinées à instruire ces métis des villes ou des campagnes, restés trop souvent apathiques et ignorants.
On a fait des voies de communication, des chemins de
fer, et aussi des engenhos ou usines spéciales pour leur
permettre d'utiliser leur travail et d'échanger leurs
produits. On a cherché à attirer des colons européens
nombreux et actifs, capables de remplacer dans d'autres conditions les noirs asservis ; et, pour ma part, je
n'hésite pas à dire que si toutes ces mesures eussent
été mieux appliquées par une administration plus cohé-
rente, par des ministres moins amis des changements,
le remplacement de la main-d'œuvre esclave et l'émancipation totale serait peut-être aujourd'hui possible.

Remarquez-le, Monsieur le Sénateur, les lois de 1871
n'ont jamais été considérées comme un maximum ;
toujours il y a eu des Brésiliens qui cherchaient les
moyens d'arriver plus vite au but ; et, aujourd'hui, il
n'est pas douteux que ces hommes, inscrits ou non
dans les sociétés abolitionnistes, forment la majorité.

Les journaux les plus lus du Brésil discutent presque
chaque jour la question, et l'un d'eux a ouvert ses co-
lonnes à toutes les communications. L'impossibilité
d'une émancipation totale et immédiate est reconnue
par tous, et même par les chefs de l'agitation actuelle ;
mais les projets les plus divers se sont fait jour pour
concilier les intérêts de la production et du fonctionnement national avec la nécessité reconnue de la fin de
l'esclavage.

On a proposé de payer les esclaves et d'installer des caisses de libération ; on a proposé de les déclarer libres dès aujourd'hui en les astreignant quelques années à un service déterminé ; on a proposé de les attacher à la terre en les intéressant à la production, ou même en les faisant propriétaires d'une partie des exploitations actuelles ; et, dans quelques fazendas, ces réformes sont déjà en partie réalisées.

Il n'est pas douteux que la libération ne soit complète en peu de temps malgré ses difficultés actuelles ; et peut-être son succès serait-il plus rapide si des hommes, qui, comme vous, Monsieur le Sénateur, ont passé leur vie à l'étude de ces questions, l'aidaient de leurs conseils et de leur autorité.

Dans tous les cas, Monsieur le Sénateur, d'ici trente ans, d'ici vingt ans, moins peut-être, l'esclavage aura vécu sur la terre du Brésil pour n'y plus reparaître sous d'autres formes ; sa disparition lente aura permis la transformation et l'éducation progressive de l'esclave, et peut-être à la fin de ce siècle ce pays sera-t-il le seul à réaliser l'état social que vous avez toujours rêvé, celui du noir égal au blanc et mêlé à lui dans le fonctionnement.

Je ne regretterai pas la longueur de cette communication si je vous ai amené, vous, le défenseur le plus autorisé des races noires, à reconnaître que le Brésil a toujours marché vers votre idéal plus directement et plus sûrement que les autres pays à esclaves ; et je vous prie de croire, Monsieur le Sénateur, aux sentiments de respectueuse estime avec lesquels j'ai l'honneur d'être

Votre dévoué serviteur,

LOUIS COUTY.

Paris, le 7 mai 1881.

————

Monsieur,

J'ai lu la lettre que vous m'avez fait l'honneur de m'adresser avec l'attention que méritait celle d'un homme aussi intelligent que vous, et connaissant le Brésil aussi à fond que vous le connaissez.

Vous voyez de grands dangers dans l'abolition immédiate au Brésil, et ce que vous me dites me paraît sérieux, sauf toutefois, permettez-moi cette réserve, votre indulgence pour les châtiments corporels.

Je suis trop ignorant de l'état social du Brésil pour pouvoir entrer avec vous dans cette discussion. Je ne rappellerai pas que les esclavagistes de tous pays ont toujours prétendu que l'abolition de l'esclavage serait la ruine certaine des colonies, comme vous le dites du Brésil, et qu'ils ont été de faux prophètes de malheur. Je ne le rappellerai pas, parce que je ne vous fais pas l'injure de vous croire un esclavagiste; je vous ferai seulement remarquer que des *Brésiliens* sont loin de partager vos craintes, puisqu'ils ont formé une société d'abolition en vue d'accélérer le mode d'émancipation de la loi de 1871. Or, ces Brésiliens appartiennent aux classes éclairées de leur pays natal, et il est impossible de croire qu'ils veuillent le mener aux abîmes par des mesures de libération des esclaves qui seraient grosses de catastrophes. Je leur laisse le soin de vous répondre : connaissant aussi bien que vous leur pays, ayant naturellement plus à cœur encore que vous ses intérêts moraux et matériels, ils pourront discuter vos objections avec une compétence et une autorité que je ne saurais avoir; des débats entre vous et eux pourra sortir une solution conciliant les droits de l'humanité avec la sécurité brésilienne.

Dans tous les cas, j'apprends avec bonheur, par votre lettre, que le Brésil ne connaît pas l'absurde et funeste préjugé de couleur, la plaie mortelle de nos colonies; « que l'affranchi y entre de plein pied dans la société où il est immédiatement traité en égal, » que « à table, au théâtre, dans les salons, dans l'armée, les écoles, les administrations, les assemblées législatives, on trouve toutes les couleurs mélangées sur le pied de l'égalité et de la familiarité la plus complète et la moins affectée. » En un pareil milieu, l'émancipation, dût-elle être retardée de quelques années, aura toujours certainement un résultat digne du XIX⁰ siècle.

Je confesse, Monsieur, avoir jugé trop sévèrement la loi d'affranchissement par le ventre, si blessantes que puissent être pour la morale ses conséquences forcées. Il est évident, je le reconnais avec vous, que tout enfant d'esclave naissant libre, en vertu de cette loi, à partir du 28 septembre 1871, la servitude prendra fin à la mort du dernier esclavé né la veille du 28 septembre ; qu'ainsi, elle ne peut survivre au delà de la durée d'une génération, soit un quart de siècle. Quoi qu'il arrive, le Brésil sera donc lavé de la honte de l'esclavage dans vingt-cinq ou trente ans.

Je fais des vœux ardents pour que la loi de 1871 ne fournisse pas toute sa carrière, pour que le Brésil n'ait pas à la subir jusqu'au bout ; car, trente années de l'esclavage, de ses dégradations, de ses châtiments corporels, de ses ventes d'hommes, de femmes, d'enfants, comme d'animaux domestiques ou de choses mobilières, imposées à 1,500,000 créatures humaines, en vérité c'est trop long pour que les amis de l'humanité puissent s'y résigner.

Agréez, Monsieur, l'assurance de mes sentiments distingués.

V. Schœlcher,

Paris, rue Hippolyte Lebas, n° 1.

20 mai 1881.

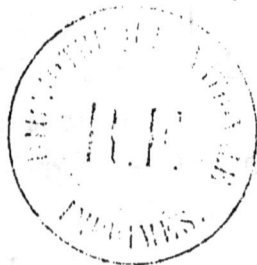

C.

L'ESCLAVAGE AU BRÉSIL

Le Brésil est le dernier grand pays à esclaves : cette forme inférieure de main-d'œuvre approche de sa fin prochaine ; mais sa transformation constitue pour cette nation le problème le plus difficile et le plus urgent, et ce problème, vu souvent à l'extérieur sous un jour inexact, réagit d'une façon fâcheuse sur sa situation et ses relations morales. Il est donc utile d'indiquer pourquoi le Brésil a dû retarder aussi longtemps son émancipation complète ; il est utile de montrer comment ce pays a plus fait pour les races noires que l'Europe ou l'Amérique du Nord ; il est utile aussi d'énumérer les raisons économiques et sociales d'une émancipation rapide et de discuter les réformes et les moyens pratiques qu'il faudra appliquer.

I

Pour pouvoir apprécier l'état de la question esclave au Brésil, il faut pénétrer dans l'évolution de ce peuple, et voir en quoi elle diffère de celles des autres nations auxquelles on a voulu à tort le comparer.

Le Brésil a été colonisé par des Portugais, actifs, âpres au gain, mais trop souvent ignorants et fanatiques. Ces découvreurs infatigables voulaient surtout des richesses faciles, de l'or, des diamants, des pierres pré-

cieuses ; et, pour les chercher, ils poussèrent jusqu'à Minas,
jusqu'à Goyaz, jusqu'à Matto Grosso, sans se préoccuper
d'établir des voies de communication, où d'assurer par des
cultures une nourriture fournie en abondance par un sol
riche et fertile. Par suite, tandis que les colonies de
l'Amérique du Nord ou des Antilles se peuplaient de
noirs utilisés à des cultures fécondes, le Brésil ne possédait
que de très petites quantités d'esclaves. Il peut être vrai que
les premiers arrivages datent de 1617 ; mais, tous les ren-·
seignements sont d'accord pour démontrer que la plus
grande partie des noirs du Brésil y ont été introduits tar-
divement, dans la première moitié de ce siècle.

Dans ce pays, la traite s'est donc faite sur une large
échelle à un moment où elle était ailleurs diminuée ou supprimée ; et, comme le prouve le nombre très considérable
des Africains qui survivent aujourd'hui, trente ans après
la supression complète des arrivages, l'esclavage y est
relativement récent.

Ce développement brusque, tardif et peu durable de la
main-d'œuvre servile a eu des causes faciles à analyser.

Les richesses géologiques du Brésil et surtout les gise-
ments d'or s'épuisèrent en certains points, diminuèrent en
d'autres, ou devinrent moins facilement exploitables ; et les
colons portugais, enrichis déjà par les mines, durent songer
à profiter du sol. A la fin du siècle dernier, ils avaient déjà
installé sur les côtes quelques cultures de sucre, et divers
élevages ; et le gouvernement persistant à fermer le Brésil
à la colonisation européenne, on dut recourir à l'Afrique
pour se procurer la main-d'œuvre agricole.

Le passage de la famille royale au Brésil, en 1811, l'indépendance du pays proclamée en 1822, et la diminution,
puis la suppression des charges imposées par la métropole

permirent de donner un essor rapide à ces essais de grande
culture. On exportait 60 sacs de café en 1810; on en
exportait déjà 120,000 en 1840; on en exporte aujourd'hui
4,000,000. On exportait, en 1875, 1 million 500,000 quintaux de sucre, 500,000 quintaux de coton, 70,000 quintaux
de caoutchouc, 15,000 quintaux de fécule, 40,000 quintaux
de cacao; on exporte aussi du tabac, du maté et divers
autres produits : on tue à Rio-Grande 500,000 bœufs pour
les transformer en carne secca, et il existe ailleurs des élevages importants. Toutes ces productions ont dû leur naissance et leur extension rapide à la main-d'œuvre esclave
qui continue aujourd'hui à assurer leur existence.

Le gouvernement du Brésil, une fois indépendant, avait
malheureusement suivi les errements de la métropole; et
ce pays immense, inhabité, inexploré, était resté fermé ou
difficilement accessible aux colons libres d'Europe, seuls
capables de former un peuple, et, avec un peuple, une
richesse durable et féconde.

Le Brésil porte aujourd'hui la peine de son origine, et
l'esclavage est un des vestiges de sa première colonisation.
Il est bien évident que, si les Hollandais ou les Français
avaient réussi à s'installer définitivement à Pernambouc
et à Rio-Janeiro, depuis longtemps déjà l'esclavage aurait
vécu : mais la situation des noirs serait peut-être plus
mauvaise.

Le Portugais, économiquement inférieur aux autres
colons européens qui ont su plus vite se passer de l'esclave,
dans ses relations avec les races asservies a, sur ces colons,
un avantage. Il manque complètement de préjugés de race;
et, par suite, n'ayant jamais considéré les hommes de couleur différente comme inférieurs ou méprisables, il trouve
tout naturel de vivre avec eux côte à côte.

Mis en présence d'Indiens sauvages ou de noirs venus d'Afrique, il n'éprouve aucune honte, aucun déplaisir à s'unir avec eux d'une façon durable par tous les liens sociaux ou familiaux. Aujourd'hui encore le Brésil reçoit chaque année du Portugal quantité d émigrants qui présentent les défauts et les qualités des colons primitifs ; et aujourd'hui, comme il y a cent ans, cet émigrant a le goût de la négresse. Ceux qui ont vécu à Rio savent qu'il n'est pas rare de voir un Portugais du peuple, portefaix, jardinier ou vendaire vivre complètement avec une femme de couleur, et laisser à leurs enfants communs une partie de ses économies. Ils savent aussi que des hommes arrivés à l'aisance ou même à de hautes situations conservent souvent cette curieuse propension pour les mélanges de couleur ; et dans les fazendas ou dans les riches maisons des villes, unions métisses irrégulières précèdent souvent le mariage légitime ou coexistent avec lui.

L'importance de ce croisement est telle que ses produits forment une partie très considérable de la population ; et cette importance s'accroît tous les jours par suite de la persistance des mêmes phénomènes. Surtout dans les classes peu aisées, le mélange des races est ordinaire, journalier ; aussi ne trouve-t-on au Brésil rien qui ressemble aux « petits blancs » de l'Amérique du Nord. Leur place, intermédiaire entre l'esclave et le grand propriétaire, est presque complètement prise par des métis affranchis.

Le colon du Brésil ne s'est pas borné à se métisser ; mais, dans la plupart des cas, différent encore en cela des colons des Antilles ou de l'Amérique du Nord, au lieu de rejeter dans la race inférieure les produits de métissage, il les a immédiatement libérés. Ces conditions, si favorables à la race asservie, le deviennent davantage encore par suite d'autres facilités.

Je ne crois pas que le droit de l'esclave à posséder soit inscrit dans les lois brésiliennes ; mais en fait, depuis bien longtemps, cet esclave peut avoir une épargne, l'accumuler et travailler pour lui. De tous temps, les maîtres dans les exploitations agricoles ou fazendas ont laissé des terrains à la disposition des noirs, qui peuvent les cultiver les dimanches ou à leurs heures de loisir. Au Parana, pays d'élevage, les esclaves ont du bétail mêlé à celui du maître, et marqué à leur nom. Cette faculté de posséder laissée à l'esclave est tellement entrée dans les mœurs qu'elle autorise le vol et le recel. Ainsi les fazendaires de café savent bien que leurs noirs cachent du café et vont le vendre chez les petits commerçants voisins. Ces vols représentent pour eux une perte annuelle énorme ; il y a évidemment recel de la part de l'acheteur ; et cependant, malgré de multiples propositions législatives, les grands propriétaires n'ont pu obtenir que l'on poursuivît ou que l'on annulât les achats faits dans ces conditions.

Quelques races noires ont su profiter de conditions aussi favorables : la plus connue est celle que l'on appelle au Brésil Mina ; elle compte quarante à cinquante mille individus. Venus du Congo, ces nègres sont d'un très beau type comme taille et ossature ; leur tête coupée sur la face par trois ou quatre incisions longitudinales est volumineuse et leur front peu déprimé. Robustes, sobres, actifs, ils faisaient de très mauvais esclaves de fazenda ; ils résistaient aux feitors et les tuaient au besoin ; aussi les gardait-on dans les villes pour les utiliser comme domestiques, portefaix, charretiers, maçons, etc., etc. Généralement ils payaient à leur maître une redevance mensuelle, et

vendaient leur travail comme bon leur semblait, et ainsi ils
arrivaient vite à se libérer. Il n'y a plus de Minas asservis ;
on m'en a montré qui, venus d'Afrique, possèdent aujour-
d'hui 40,000 ou 50,000 francs ; et, surtout à Bahia et à Rio-
Janeiro, ils occupent presque tous les étals du marché de
légumes ou les petites boutiques de revendeurs.

Cette race est malheureusement la seule qui ait profité
largement de conditions de lutte aussi favorables ; et les
autres noirs, c'est-à-dire la presque totalité, n'ont su faire
aucun effort pour conquérir leur liberté.

Il a fallu que le maître suppléât à l'initiative individuelle
par des libérations nombreuses. Toutes les solennités,
toutes les joies familiales, tous les grands événements domestiques ou nationaux servent de prétexte ou de raison à
ces libérations. Dans certaines familles, à la naissance des
enfants, dans d'autres à leur mariage, dans d'autres
encore à leurs succès d'examen un esclave et quelquefois
plusieurs reçoivent leur liberté. C'est un usage ancien et
général qu'un maître, à sa mort, doit laisser libre son
esclave particulier, son *pagem*, comme on l'appelle ; c'est un
usage non moins général de célébrer aussi par des libérations un grand événement national, une victoire, la visite
du souverain ou simplement un anniversaire.

Souvent ces libérations sont faites pour des motifs plus
déterminés : ainsi on ne doit pas estimer à moins de vingt
mille les esclaves qui ont été affranchis par leurs maîtres
pendant la guerre du Paraguay pour devenir des soldats ;
de même bien des contrats, et surtout des contrats faits
avec des étrangers, des concessions de mine, des ventes
d'exploitations, portent pour condition une émancipation
plus ou moins tardive.

Ces faits ont existé de tous temps ; mais aujourd'hui les

libérations sont devenues vulgaires. Il n'est plus besoin de motif spécial pour les décider. Comme nous le verrons, la loi intervient souvent pour les faciliter ; l'Etat emploie des fonds considérables pour en effectuer un grand nombre ; et pendant ces quatre dernières années les particuliers n'auraient pas affranchi moins de quarante mille esclaves.

On peut maintenant comprendre le mécanisme de l'émancipation du Brésil. Cette émancipation a toujours existé lente et progressive, parce qu'elle fait partie des mœurs et des habitudes nationales. Elle a commencé par le croisement de couleur, avant les grands arrivages du commencement du siècle ; elle s'est continuée par les affranchissements conquis individuellement dans certaines races, et surtout par les nombreux affranchissements octroyés par les maîtres.

L'importance de ces mesures a été telle que la plus grande partie des Africains ou de leurs descendants sont déjà libérés. Il y a 1,500,000 noirs ou métis encore asservis ; mais il y en a plus de trois millions, peut-être quatre libres depuis longtemps ; et, parmi le million et demi de non affranchis, il faut encore faire un choix.

Je ne puis considérer comme des esclaves ces campeiros du Rio-Grande ou du Parana qui vivent à leur guise dans des estancias reculées où le maître ne paraît qu'à de rares intervalles, qui dirigent eux-mêmes toute une exploitation, où souvent ils possèdent en leur nom une grande partie du bétail. Je ne puis considérer comme des esclaves ces maçons, ces charpentiers, ces ouvriers divers laissés libres par leur maître de louer à volonté leur travail ; où encore ces serviteurs de maison, ces cuisiniers, ces pages qui ont plus de liberté, plus de jouissances et moins de travail que nos domestiques salariés d'Europe.

Les seuls noirs qui restent véritablement asservis, ce sont les noirs de la *roça*, les noirs des fazendas, les noirs qui font le travail agricole. Réunis par grandes troupes, dépourvus d'ordinaire de famille, obligés par la force au travail, ces 600,000 hommes plus ou moins colorés constituent bien des esclaves. Cependant eux aussi sont bien nourris et bien traités ; ils mangent de la viande, boivent de l'alcool et du café, et consomment chaque jour, en dehors de la farine de maïs ou de manihoc, des légumes ou des fruits. Ils sont bien soignés une fois malades ; chaque exploitation possède sa pharmacie, son infirmerie, et un médecin y reste à demeure ou y vient une ou deux fois par semaine ; ils sont assurés contre le chômage, et les vieillards sont relativement bien traités ; enfin, le nombre d'heures ou la quantité de labeur imposé n'a rien d'excessif, et, comme je l'ai déjà dit, partout on leur laisse la faculté de travailler pour eux le dimanche, sur le terrain du maître, et d'utiliser ou d'échanger leurs produits.

Il faut faire cette analyse, et il faudrait même la faire plus complète, si l'on veut comprendre pourquoi la question de l'esclavage au Brésil n'a jamais été véritablement aiguë, et pourquoi, dans ce grand pays d'esclaves, il n'y a eu qu'à de longs intervalles des sociétés abolitionnistes. Tous ces faits présentent-ils rien d'analogue à ce que d'autres ont écrit sur les Antilles et l'Amérique du Nord. Il était naturel, il était nécessaire que dans ces pays l'asservissement prolongé du noir provoquât des crises violentes ; et l'on comprend que des hommes de cœur et de valeur comme les Wilberforce, les R. Peel, les Schœlcher, les Summer, les Lincoln, etc., aient employé leurs efforts, modifié leurs idées, sacrifié leur existence pour essayer de guérir une plaie vive de ces corps sociaux. Cette plaie datait de plusieurs siècles

au lieu d'être relativement récente; et, par le fait des
mœurs et des relations, elle n'avait aucune chance de se
cicatriser peu à peu. Dans ces pays le noir était un paria,
une bête de somme sans droits et sans devoirs; le plus
malheureux des blancs refusait de s'allier avec lui, ou simplement de reconnaître, quand elles existaient, ses qualités, son travail et son intelligence. Le métissage était
un accident qui rejetait le fils du blanc dans la classe
méprisée; les libérations octroyées restaient rares; et,
n'ayant pas la facilité de travailler pour lui, de vendre ou
de posséder, le noir ne pouvait arriver à se libérer lui-
même. Toutes les conditions sociologiques se réunissaient
pour rendre impossible l'évolution de l'esclave et sa transformation progressive en homme libre; et l'on devait fata-
lement aboutir à une révolution, c'est-à-dire à l'émancipation brusque et totale.

Ceux qui proposent aujourd'hui d'imiter ces procédés
violents oublient qu'au Brésil la question est déjà presque
résolue, dans des conditions autrement favorables au noir
et à son développement. Que l'on compare actuellement
ces différents pays. Nous avons dans l'Amérique du Nord,
dans les Antilles, deux races complètement ennemies et
opposées, dont l'égalité de droits est restée trop souvent
complètement théorique. Le noir n'est plus esclave; mais
il n'est pas devenu un citoyen véritablement libre et utile.
Aux Antilles françaises, les esclaves sont libérés en 1848; le
10 septembre 1855, l'amiral Gueydon publie un arrêté sur la
police du travail « dont chaque article, d'après le vénérable
M. Schœlcher, est un attentat à la liberté individuelle ».
Le 2 décembre 1857, M. Touchard, gouverneur de la Guade-
loupe, prend des mesures analogues; et jusqu'à ces dernières
années, ces prétendus hommes libres ont été soumis à des

mesures de police spéciales, obligés de porter toujours un livret, obligés de travailler dans des conditions et pour des prix déterminés.

La situation n'a pas été autre dans les colonies anglaises; elle n'est pas autre dans l'Amérique du Nord. Qu'a-t-on fait après la guerre de sécession? On a exporté sur les côtes d'Afrique, au-dessous de Sierra Leone, des troupes de ces prétendus citoyens libres; on a laissé les autres pendant plusieurs années végéter, mourir en grand nombre, sans se préoccuper de leur assurer les conditions de vie les plus élémentaires ; puis ceux qui restaient, en 1875 si je me souviens bien, on les a pris et on en a transporté de grandes masses dans les régions inhabitées de l'Ouest, pour essayer de les utiliser *par contrat*. Les noirs qui ont continué à habiter les Etats du Sud, déjouant les calculs intéréssés de beaucoup d'émancipateurs du Nord-Est, se sont replacés sous la dépendance politique et sociale de leurs anciens maîtres, dans l'impossibilité où on les laissait de lutter activement pour leur vie.

Dans tous ces pays, l'état social du noir reste inférieur parce que le préjugé de race, avant comme après l'affranchissement, continue à lui opposer une barrière plus puissante que toutes les autres. On peut citer des cas particuliers d'hommes qui sont arrivés à s'imposer aux Antilles ou dans l'Amérique du Nord; mais ces cas sont exceptionnels, tandis qu'au Brésil ils sont journaliers. On peut espérer que dans l'avenir le préjugé de race, en s'effaçant, permettra à ces citoyens d'un même pays de coopérer activement à la même œuvre; mais les plus optimistes ne peuvent prévoir la date de cette transformation qui au Brésil est déjà faite.

Il faudrait aussi ne pas oublier, si l'on veut porter des

jugements exacts, que beaucoup de ces nations, proposées au Brésil comme des modèles, ont rétabli l'esclavage sous des formes détournées.

Actuellement l'Angleterre, à peu près maîtresse de l'É- gypte, y tolère l'esclavage, malgré des traités qui l'autori- sent à le supprimer. Elle se sert de ce prétexte pour inter- venir sur les côtes de Zanzibar; elle saisit les esclaves achetés par les trafiquants Arabes, et elle les envoie dans des colonies souvent malsaines de Ceylan ou de l'Indo- Chine comme travailleurs contractés. Je ne sais trop ce que peuvent y gagner ces malheureux noirs, qui, de l'aveu de tous, sont remarquablement bien traités par les maîtres mahométans auxquels ils étaient destinés. L'Angleterre a toujours poursuivi la traite chez les autres; mais elle trouve naturel de mettre en location de malheureux Hindous, ses sujets, qui vont par milliers cultiver la Réunion ou diverses Antilles. L'Amérique du Nord n'a plus les Africains; mais elle a les Chinois, qui malheureusement n'ont pas été suf- fisamment utilisables. Enfin la France tolère des esclaves au Sénégal; et des trafiquants ont été autorisés à faire pour la Guyane des contrats de travailleurs noirs prétendus libres.

Je n'insiste pas; ces exemples suffisent. Ils suffisent à laver le Brésil des accusations qui ont été portées contre lui; ils suffisent aussi à montrer les difficultés que rencon- trent les émancipations, lorsqu'elles ne sont pas préparées par les mœurs et rendues possibles par les nécessités so- ciales.

Si l'obligation du travail a dû être imposée dans les An- tilles et dans l'Amérique du Nord au noir devenu libre; si, à la Réunion et ailleurs, on a dû remplacer l'esclave par des travailleurs d'une autre race; si la France, si l'Angleterre utilisent encore des hommes asservis sous diverses formes ou les tolèrent, c'est qu'évidemment leur suppression brusque présente souvent de grandes difficultés.

Ces difficultés ont été partout les mêmes, et elles proviennent en grande partie de la diminution de la quantité de travail fourni par le noir affranchi. Aux Antilles, comme dans l'Amérique du Nord, à Haïti devenu libre comme à la Réunion restée colonie, cette diminution a été considérable et durable. Du reste, à quoi bon insister? personne ne niera que le noir émancipé ne devienne pendant quelque temps inutile ou moins utile.

Ce fait, facile à constater pour les émancipations brusques, se vérifie malheureusement aussi pour les émancipations progressives. Au Brésil, où l'affranchi prend rang parmi des citoyens qui le traitent en égal, au Brésil où généralement le noir a pu s'habituer peu à peu à la vie libre, grâce à la tolérance générale, l'émancipation produit aussi une diminution ou une transformation du travail.

Je pourrais citer des faits journaliers que tout le monde a vus; cet esclave est cuisinier, cet autre portefaix, charpentier ou maçon; ils font un bon service. On les libère, et peu de temps après, devenus ivrognes et paresseux, ils ne travaillent plus que forcés par des besoins très restreints. De même, dans les fazendas, on a essayé souvent de retenir les esclaves libérés : on a voulu les payer grassement; on leur a donné une part considérable dans les produits; on leur a offert des terres : ils sont partis dans les bois immédiatement ou au bout de quelques mois; ou, si on les a conservés, c'est comme aggregados ou capoeiras, c'est-à-dire comme facteurs sociaux inutiles ou nuisibles.

Je ne veux pas généraliser ces faits; beaucoup d'affranchis, je le sais, sont arrivés assez rapidement à fournir un travail régulier; mais alors il y a eu presque toujours transformation du travail. Le noir africain avait été acheté d'ordinaire pour travailler la terre: il arrivait dans un milieu où on laissait l'affranchi complètement libre d'évoluer à sa guise; et alors il devenait souvent domestique, artisan, étalier, petit commerçant; mais, sur les deux ou trois millions d'hommes assez foncés qui aident à former la population libre du Brésil on pourrait compter ceux qui s'adonnent encore d'une façon régulière aux travaux agricoles. Que le noir soit intelligent et actif, comme le Mina, où qu'il soit plus apathique, comme la plupart des autres races; qu'il s'adonne auparavant aux travaux de ville ou aux travaux des champs, le résultat sera le même : affranchi, il ne fait plus de travail agricole.

Aux yeux de ceux qui réfléchissent, c'est là pour le Brésil une grande difficulté; surtout étant données ses conditions d'évolution géologiques et physico-chimiques.

Son sol permet à ce pays de fournir sans engrais et presque sans soins de culture des récoltes considérables et prolongées; la variété de sa composition géologique et de son climat le rend apte à toutes les plantations spécialement productives, café, cacao, coton, caoutchouc, sucre, vigne, tabac, fécules, etc., etc.; l'étendue immense de ses pâturages et de ses forêts, leur flore qui dans ses variétés étonnantes recèle tant de subsistances inutilisées, tout favorise le Brésil travailleur agricole et producteur de matières premières.

Au contraire, l'absence de couches épaisses de charbon de terre, la rareté des voies de communication, le coût élevé des transports, le prix de l'argent, le peu de densité de sa population et sa nature spéciale, le climat lui-même seront longtemps des conditions défavorables à une production industrielle largement organisée. Ces conditions du Brésil sont complètement différentes de celles des peuples que l'on veut lui faire imiter.

L'Amérique du Nord a peu souffert de la suppression de l'esclavage dans ses provinces du Sud; l'augmentation de la production industrielle dans les provinces du Nord-Est a suffi à compenser en partie la diminution du travail agricole; et les ruines sont restées purement locales.

D'un autre côté l'émigration européenne a suppléé en peu de temps la main-d'œuvre esclave. Avant l'émancipation, diverses provinces du Nord-Ouest étaient déjà peuplées d'hommes libres, actifs et habiles ; et en peu d'années le Texas, l'Arizona, d'autres régions encore, ont été mises en culture par des colons nombreux et infatigables. C'est ce qui explique que les productions agricoles aient repris rapidement leur essor; c'est ce qui explique que l'exportation du coton, par exemple, ait dépassé ces dernières années ce qu'elle avait autrefois atteint. Ce n'est pas le noir qui est devenu actif; c'est le colon qui a remplacé l'esclave, en peuplant des régions différentes.

Je le demande aux plus optimistes, peut-on raisonnablement espérer qu'au Brésil il en sera ainsi? Où trouver les éléments d'une production industrielle qui viendrait compenser par la diminution des importations la diminution certaine des exportations. Où trouver des ouvriers, où trouver des machines, où trouver du charbon, si ce n'est justement chez ces nations étrangères dont on ne voudrait plus être les tributaires.

D'un autre côté peut-on supposer possible une augmentation brusque ou rapide de la production agricole, basée actuellement sur la main-d'œuvre libre? Cette production

n'existe, pour ainsi dire, nulle part ; le suc des arbres qui
donnent le caoutchouc est recueilli sans précaution par des
hommes libres ; un autre produit naturel le maté est coupé,
transporté, préparé aussi par la main-d'œuvre libre. Mais
toutes les exportations basées vraiment sur un travail, sur
une culture, sont encore aujourd'hui le produit presque
exclusif du travail esclave.

On a dépensé beaucoup, croyant que cela suffisait, pour
attirer les émigrants : on en a retenu quelques milliers ;
mais privés de moyens de culture ou de transport, à quoi
sont-ils utiles? qu'ajoutent-ils à l'exportation ou à la richesse générale?

C'est cet état spécial de la production agricole au Brésil
qui fait le danger de la transformation actuelle du travail
et de la suppression brusque de la main-d'œuvre esclave.

On a pu commencer de très bonne heure l'émancipation
progressive parce que de nouveaux arrivages venaient com-
bler les vides ; depuis 1850, date de la suppression complète
plète de la traite, on a pu la continuer, parce que de
meilleurs procédés de culture ou de préparation, l'installation d'engenhos, la suppression de diverses opérations
ou de diverses plantations peu utiles, le dépeuplement de
certaines provinces aux dépens de certaines autres ont permis de réaliser une économie considérable de main-d'œuvre. Mais aujourd'hui on se trouve acculé à une difficulté
plus sérieuse : on voudrait continuer à émanciper, on voudrait même émanciper beaucoup plus vite, et l'on a épuisé
tous les moyens factices de suppléer l'esclave, et l'on ne sait
comment remplacer cette main-d'œuvre qui, par le fait
des lois existantes, va bientôt manquer.

La question ne se pose plus sur le terrain humanitaire;
ou plutôt sur ce terrain elle est déjà presque résolue dans

des conditions tellement favorables au noir qu'aucune autre nation n'en réalise de semblables. Il n'y a plus d'émancipation à faire dans les mœurs, les habitudes ou les préjugés sociaux, et le Brésil a accompli ce que d'autres peuples soi-disant plus avancés n'ont pas encore bien essayé : il a égalisé le noir et les autres hommes libres, et il l'a uni et mêlé aux éléments blancs pour chercher à former un peuple homogène et bien lié.

Mais ce pays, qui n'a pas colonisé à mesure qu'il émancipait, se heurte aujourd'hui à des difficultés spéciales que n'ont pas connues d'autres pays plus prévoyants ou autrement peuplés. La question s'est donc modifiée ; il ne s'agit plus de chercher comment on libérera les noirs, mais bien de trouver comment on les remplacera ; et, s'il est facile de supprimer l'esclave, personne ne sait comment organiser la main-d'œuvre libre.

Ce double point de vue doit être perpétuellement présent à l'esprit de ceux qui veulent apprécier la question de l'esclavage au Brésil, comme il est toujours présent à l'esprit des hommes qui, dans ce pays, cherchent une solution à ces problèmes.

Les antiesclavagistes, les plus déterminés à copier des peuples différents, n'ont pas essayé de proposer une libération immédiate ; et l'émancipation demandée après 1890 reste une formule purement théorique, puisqu'ils n'ont fourni ni les moyens d'indemniser les maîtres, ni les moyens de remplacer la main-d'œuvre supprimée.

Ils avaient su s'inspirer de toutes ces difficultés les hommes qui, en 1871, vingt ans à peine après la fin des arrivages, en l'absence de tout mouvement de colonisation, au sortir des grosses dépenses de la guerre du Paraguay, osèrent proposer à l'approbation législative des mesures

C.

dont l'ensemble forme peut être le plus bel essai d'émancipation progressive et de transformation du travail qui ait
été encore tenté.

Tenant compte de mœurs et d'habitudes essentiellement
favorables au noir asservi, ils ont d'abord cherché à les
favoriser.

L'esclave pouvait déjà pour se libérer faire des efforts
individuels; on obligea le maître à l'affranchir pour une
somme très inférieure à sa valeur réelle, dès qu'il en faisait
la demande, et qu'il pouvait lui-même s'acquitter.

Les émancipations particulières étaient déjà nombreuses; on les augmenta encore. On força chaque propriétaire
d'esclaves à payer un impôt; et cet impôt servit, avec d'autres ressources, à créer un fond spécial d'émancipation qui
permettait chaque année, dans chaque municipe, la libération d'un certain nombre de noirs. Cette libération se fit
par catégories toujours les mêmes; elle portait d'abord sur
les esclaves mâles ou femelles mariés à des hommes libres,
ensuite sur ceux qui avaient le plus d'enfants, etc.

L'affranchi avait déjà rang d'homme libre et de citoyen :
on chercha par tous les moyens à élever son niveau moral et à le préparer à un rôle actif. On créa pour lui des registres spéciaux qui constituaient de véritables états civils.
On surveilla les ventes en rendant nécessaire l'intervention
d'une juridiction spéciale. On autorisa les provinces à
frapper ces ventes de droits très élevés qui, à Saint-Paul,
Rio, Minas, rendent déjà presque impossible ce honteux
trafic. Enfin on interdisait de séparer les enfants de leur
mère ; et des peines sévères étaient portées contre les
maîtres convaincus d'avoir abusé des châtiments corporels
ou entraîné la mort.

La partie la plus importante de la loi réglait le sort des

enfants nés après sa promulgation. Ces jeunes naissaient dorénavant libres, et l'on prenait soin de leur éducation pour chercher à en faire des citoyens actifs. Arrivé à l'âge de 7 ans, un enfant d'esclave pouvait être remis par son maître à l'Etat qui soldait une indemnité ; ou le maître avait le droit de le conserver jusqu'à 21 ans, et alors les services qu'il avait pu rendre servaient d'indemnité. Dans un cas comme dans l'autre l'instruction de ces enfants devait être assurée dans des écoles spéciales organisées par l'Etat ou par les particuliers.

Quand on songe que la loi des finances avait réservé plus du dixième des impôts aux deux services de l'émancipation des adultes et de l'éducation des enfants, on se rendra compte de l'importance de toutes ces mesures. Par leur sagesse, par leur prévoyance, elles suffiraient à honorer les hommes de valeur qui les ont fait accepter des Chambres, comme la personnalité plus haute qui les avait en partie inspirées. Et cependant ce ministère ne se borna pas à assurer, avec la transformation progressive du travail esclave, la meilleure utilisation du noir asservi. Des hommes comme le vicomte de Rio Branco, comme les ministres Joaô Alfredo. Correia connaissaient trop bien leur pays pour compter complètement sur ces esclaves libérés et éduqués. Ils virent plus loin qu'une simple émancipation relativement facile, et cherchèrent à créer avec la main-d'œuvre libre, ces couches profondes de travailleurs actifs, hardis, entreprenants, qui devaient continuer à manquer.

Elargissant les mesures de colonisation déjà prises, le ministère de 1871 décida la création de colonies nombreuses au Parana, à Sainte-Catherine, à Rio-Janeiro ; et comme les terrains nationaux étaient trop éloignés des voies de communication, on acheta des terrains plus aptes à une bonne exploitation. Le passage gratuit fut accordé à tous les colons qui voulaient venir au Brésil ; on leur donna une première subvention, qui, fixée d'abord à 400 francs par tête, s'est élevée souvent à près de 1,000 francs. Enfin, ce colon recevait immédiatement en toute propriété un lot de terre déjà mesuré et muni d'une habitation, qu'il devait payer un prix minime au bout de plusieurs années. Il y eut à ce moment un beau zèle pour la colonisation ; des Européens arrivèrent en assez grand nombre ; des noyaux coloniaux furent créés de divers côtés, et l'on pût croire que le courant d'émigration spontanée allait enfin s'établir.

D'un autre côté on avait cherché à améliorer et à utiliser plus largement les éléments de travail libre que pouvait fournir la population du pays.

La grande difficulté pour ces millions de paysans, cabocles, caipiras, campeiros répandus sur presque toute la surface de l'empire, c'était l'absence de voies de communication. Ces hommes libres devenus actifs et entreprenants n'auraient pu produire, parce qu'ils ne pouvaient échanger.

On décida d'étendre aussi vite que possible les voies de communication. L'Etat poussa activement la construction des lignes de fer qu'il s'était réservées ; il garantit un intérêt de 7 0/0 à toutes les lignes d'utilité générale construites par les compagnies particulières. Il provoqua des études pour de nombreuses voies nouvelles ; et il décida des travaux de canalisation ou des voies de fer latérales pour rendre partout utilisables quelques-uns des fleuves immenses qui sillonnent le Brésil.

La production libre venait se heurter à une autre difficulté : les principaux produits du Brésil, le café, le sucre, les fécules, le coton nécessitent des frais sérieux de préparation pour devenir utilisables ; et cette préparation, si on la veut lucrative et facile, doit être faite dans des installations souvent considérables que l'on nomme des *engenhos*.

Un fazendaire qui possède 600 esclaves employés à une seule culture peut établir l'outillage de préparation correspondant ; mais cette première dépense, au Brésil, dépasse les ressources d'un colon ou même de tous les travailleurs libres d'une région limitée. L'Etat comprit qu'il devait intervenir, et il garantit un intérêt de 7 0|0 aux capitalistes qui voudraient installer des *engenhos centraes* dans les régions où le travail libre était déjà commencé. Ces engenhos, leur nom l'indique, devaient servir de lien à un grand nombre de petits producteurs dont elles utiliseraient les produits.

Le ministère de 1871 prit encore d'autres mesures.

Pour élever le niveau moral de ce peuple des campagnes, paresseux et sans initiative, il vulgarisa l'instruction et décida que les agglomérations les plus reculées auraient leur école. On chercha aussi à réagir contre les habitudes dues à l'absence d'épargne et d'activité. Les hommes du peuple, quelle que fût leur couleur, étaient trop souvent embrigadés et utilisés pour les élections ou pour d'autres buts moins avouables par des hommes influents qui avaient tout intérêt à les laisser sans épargne et sans travail. On supprima la garde nationale qui servait de cadre à cette organisation ; et, par diverses réformes judiciaires ou autres, on chercha à diminuer ces influences personnelles et à mieux garantir l'indépendance individuelle.

Toutes ces mesures, concertées ou non, avaient évidemment le même but social : elles devaient aboutir à constituer rapidement, à l'aide des émigrants nouveaux et des anciens habitants, un véritable peuple, un *tiers-état* actif,

vivant de son travail etpossédant la terre, et il fallait des
hommes de valeur et d'énergie comme ceux du ministère
Rio Branco pour avoir pu concevoir et faire accepter
aussi vite un ensemble de dispositions ayant cette portée.
On voit combien la libération des noirs tient une place
relativement restreinte dans ces réformes qui toutes
ont pour but la transformation du travail, et la nature
complexe du problème actuel est ainsi directement mise
en lumière. Les ministres de 1871 avaient eu confiance
dans l'avenir de leur pays, dans sa richesse excessive, dans
son sol, dans son climat, dans sa flore si favorisée. Ils
avaient compris qu'à ces richesses naturelles, sans valeur
par elles-mêmes, il manquait la main d'œuvre intelligente
et active et l'outillage social qui devaient les rendre profi-
tables et utiles. Escomptant l'avenir, ils jugèrent utile de
tenter de grandes dépenses destinées à mettre rapidement
leur pays en valeur; et ils demandèrent à l'Europe, envers
laquelle le Brésil a toujours rempli scrupuleusement tous
ses engagements, un peu de cette épargne dont elle sura-
bonde, laissant aux générations futures le soin de solder
ces frais de premier établissement dont elles seules devaient
largement profiter.

On comprit généralement ces vues larges et fécondes
si souvent appliquées dans les vieux pays d'Europe où
cependant elles rencontrent moins de conditions de succès;
et beaucoup de ces réformes portèrent immédiatement
leurs fruits.

Ainsi les chemins de fer ont pris, depuis 1871, une rapide
extension. Ils ont ouvert déjà plusieurs provinces importantes; et on les a vus à Saint-Paul, à Minas, transformer la
forêt vierge, à mesure qu'ils avançaient, en nouvelles zones
habitées et cultivées

De même les engenhos de sucre installés à Campos, à Bahia et à Pernambouc, ont développé le travail libre de quelques-unes de ces régions ; et il serait à souhaiter que l'on en installât d'analogues dans d'autres provinces et pour d'autres productions.

Le progrès moral a été surtout rapide. Des écoles primaires en quelques années se sont fondées partout où elles sont utiles. Les idées d'émancipation ont gagné tellement vite que la liberté du ventre imposée à grand peine comme un maximum est déjà considérée par tous comme un véritable minimum. Les libérations paticulières sont si nombreuses qu'à elles seules elles suffiraient à éteindre rapidement l'esclavage; et, comme le disait récemment à la tribune avec sa grande autorité le président actuel du conseil, le désir que tout le monde partage de mettre fin à l'esclavage serait depuis longtemps une réalité, si sa réalisation immédiate ne menaçait de désorganiser le travail et d'entraîner la ruine individuelle et nationale. Cependant M. Saraiva lui-même lutte pour faire disparaître les dernières dispositions qui séparaient le fils d'esclave ou l'affranchi de l'homme libre; et la nouvelle loi électorale ouvre également à tous les citoyens toutes les carrières et tous les honneurs. Elle rend aussi complètement égaux les indigènes et les naturalisés ; et, en préparant la grande naturalisation depuis longtemps proposée par des hommes comme MM. de Taunay, Silveira Martins etc., peut-être fait-elle franchir un des plus grands obstacles qui s'opposaient aux réformes urgentes de l'émigration et de la colonisation, de même qu'en supprimant l'élection à deux degrés, elle doit assurer l'indépendance de l'électeur du citoyen peu fortuné, et l'habituer à penser et à voter lui-même.

Les hommes de 1871 ont donc trouvé des continuateurs

dignes d'eux, et le chef du parti libéral a su compléter les réformes du grand homme d'Etat conservateur.

Cependant, il faut savoir reconnaître que dans l'intervalle l'impulsion donnée en 1871 n'a pas toujours été suffisamment suivie.

Ces garanties d'intérêt qui devaient être fécondes pour la richesse de tous, et surtout pour celle des pauvres et des petits, ont servi trop souvent à augmenter des fortunes déjà acquises ou à faciliter des spéculations sans portée. Ces engenhos que l'on devait faciliter par tous les moyens, on les a quelquefois, à Porto-Réal par exemple, paralysés dans leur essor au plus grand dommage des intérêts généraux.

L'éducation progressive du peuple des campagnes, non seulement par l'école, mais par la liberté du vote, par la suppression des influences, n'a pas reçu toutes les améliorations que l'on devait attendre ; et la garde nationale sans autre utilité dans ce pays que l'utilité électorale a été réorganisée.

Les prescriptions relatives à l'émancipation progressive n'ont pas été suffisamment suivies. On n'a pas su imposer aux grands propriétaires d'esclaves diverses mesures coercitives dictées par la loi, et dans certaines fazendas les registres d'immatriculation ne sont pas encore établis.

L'Etat lui-même, à certaines années, a proposé, et les Chambres ont accepté, de détourner de leur destination les fonds votés pour émanciper des noirs ou pour élever leurs enfants.

Enfin on a négligé les réformes qui devaient servir de point de départ et de base indispensables à la transformation et à l'amélioration de la main-d'œuvre nationale; et la colonisation, déjà presque arrêtée depuis quelques années, peut être considérée comme supprimée par suite de mesu--

res nouvelles et inattendues (1). Les premières mesures décidées en 1871 avaient été si mal appliquées que les colons dégoûtés, épuisés, à bout de ressources, revinrent en grande partie en Europe, paralysant par ce seul fait l'émigration commençante. Et l'on ne sut pas comprendre ; ou mieux, confondant les effets et les causes, on attribua aux défauts de travailleurs souvent mal choisis un échec que l'on avait soi-même amené, et dont il était facile de retrouver les causes.

Peut-être aussi n'a-t-on pas suffisamment su voir les questions dans leur ensemble ; peut-être a-t-on attaché trop d'importance à des difficultés accessoires et passagères, au lieu de chercher par ces difficultés mêmes à préparer un avenir meilleur et fécond.

Le mauvais état de la main-d'œuvre esclave, l'absence d'une main-d'œuvre libre régulière avaient créé un déficit annuel que les dépenses produites par les réformes de 1871 augmentèrent légèrement. On diminua ces dépenses véritablement productives, puisqu'elles visaient à supprimer le mal dans sa racine ; on augmenta les impôts, on en créa de nouveaux et l'on s'étonna de voir le déficit persister : et ce pays de douze millions d'habitants continue à ne pas pouvoir payer trois cents millions d'impôts, moins que la Belgique, à peine autant que Paris.

Cet état du rendement national constitue vraiment la résultante économique de tous les faits que nous venons

---

(1) On est revenu en partie sur ces décisions ; mais il est à craindre que la suppression prolongée plus de deux ans de toute tentative d'émigration utile ne reste longtemps nuisible : il aurait fallu faire plus et mieux en tenant compte de l'expérience chèrement acquise, et l'on s'est arrêté.

d'énumérer, comme il fait aussi la nécessité et la difficulté des réformes actuelles.

Le Brésil n'utilise pas assez ses richesses naturelles ; la plus grande partie de son sol est inhabitée, l'autre est divisée en propriétés trop grandes, son épargne est presque nulle, son outillage est incomplet, son peuplement est insuffisant ou composé d'éléments peu utiles; et ce pays, si favorisé par les conditions physico-chimiques, ne grandit pas assez vite parce qu'il a à la base de son édifice social le travail esclave. Il faut donc supprimer ce travail non pas parce qu'il est nuisible à une classe d'hommes, mais parce qu'il est nuisible à toute une évolution sociale. Telle est, nous allons le voir, le point de vue auquel il faut se placer si on veut préparer ou accomplir des réformes utiles.

II.

L'Européen qui arrive dans une ville du Brésil, Rio-Janeiro par exemple, est toujours frappé de voir combien le service domestique d'une famille est coûteux et imparfait.

A priori, il était facile de supposer l'inverse ; un esclave est la chose d'un maître ; et ce maître, le conservant tant qu'il le juge utile, a tout le temps de le dresser à des travaux divers ; ces travaux, souvent nombreux ou pénibles seront exécutés par ce pauvre noir qui peut y être contraint par les moyens les plus injustes et même par les châtiments corporels. Enfin l'obéissance de cet esclave doit toujours être complète et immédiate; et ses services, si on peut les supposer peu intelligents, seront au moins rapides et peu coûteux.

Malheureusement ces inductions sont contredites par des faits connus de tous.

Une famille européenne un peu aisée, servie par des noirs, a au moins quatre serviteurs. Un homme ou une femme fait la cuisine, une femme est chargée du service de la table et de celui des chambres ; une autre femme donne ses soins au linge et quelquefois le lave et le repasse ; une ou deux autres s'occupent des enfants. Le service de table et celui des chambres peut être divisé entre deux personnes, et l'on adjoint souvent un petit noir de 14 à 16 ans pour les services de cuisine ou de nettoyage un peu répugnants.

La même famille vivant en France, à Paris, dépenserait de 10,000 à 15,000 francs, elle aurait une domestique, deux au plus, si bien que les soins d'un serviteur libre en France nécessite trois esclaves au Brésil.

Ces esclaves qui fournissent moins de travail, sont aussi payés plus cher.

Une cuisinière malhabile, inférieure dans sa spécialité à nos domestiques à tout faire de Paris, est payée chaque mois 30 à 35 milreis, soit 75 à 90 francs. La femme qui s'occupe du linge, et de quelle façon, ou la bonne des enfants reçoivent chacune 50 à 60 francs. Le service d'une petite famille qui serait fait à Paris par une domestique payée 50 francs par mois coûtera 200 ou 250 à Rio-Janeiro ; et cette différence devient plus considérable, si on y ajoute les frais de la nourriture.

On me fera observer que cette comparaison n'a pas de valeur ; elle porte sur des maisons européennes qui, n'ayant pas le droit de posséder des esclaves, sont obligés de les louer à des agences ou à des propriétaires spéciaux, faute de trouver des domestiques libres aptes à ce service.

Comparons donc ces familles européennes aux familles du pays qui possèdent des esclaves et les utilisent.

Quelques jours après mon arrivée au Brésil, voyageant à Saint-Paul chez de riches fazendaires de café, j'étais surpris de voir le service de table de six personnes nécessiter au moins quatre esclaves : cette surprise fut de peu de durée.

L'abondance des serviteurs est une des caractéristiques bien connues de la famille aisée brésilienne; là où un Européen aura quatre noirs loués, son voisin du pays en possèdera six et quelquefois davantage. Ces six esclaves ne coûtent aucune location ; mais il faut les nourrir, les habiller, il faut les entretenir eux et leurs enfants; et chacun d'eux représente un capital réalisable dont l'intérêt et l'amortissement correspondent à une somme élevée.

Malgré cette grosse dépense de main-d'œuvre et d'argent le service est insuffisamment fait; la surveillance est de tous les instants; chaque détail nouveau a besoin d'être ordonné plusieurs fois, et il n'est pas jusqu'aux indications les plus simples qui ne soient nécessaires. Non point que le noir soit toujours inintelligent; mais il préfère se reposer, et l'absence d'indication immédiate constitue pour lui un droit suffisant à ne rien faire.

Ces serviteurs esclaves ne résistent jamais ouvertement; obséquieux et empressés en apparence, ils ne discutent pas un ordre déraisonnable, mais ils utilisent des moyens quelconques de défense. Les maîtresses de maison savent bien qu'il ne faut commander à une cuisinière rien qui touche au service intérieur. Les esclaves employées pour le linge ou les enfants ne consentiraient pas à laver un parquet, ou elles le feraient très mal en salissant tout, murailles et tentures ; leur réponse est toute prête : ce n'est pas leur service.

Je ne puis insister sur des détails trop connus des intéressés. Ils peuvent ainsi se résumer : si un domestique d'Europe faisait à Paris son service comme la plupart des esclaves de Rio, s'il était aussi exigeant pour sa nourriture, aussi paresseux, aussi peu obéissant, il arriverait rapidement à ne trouver à se placer nulle part, c'est-à-dire à mourir de faim.

L'esclave n'a aucun intérêt à faire bien ; s'il est loué, c'est le maître et non lui qui gagne à son augmentation, s'il reste chez son propriétaire, il a encore moins à espérer. Il sait du reste que son maître, profitant de lui, le nourrira toujours, pour le voir en bonne santé. Ainsi, sans efforts et sans lutte individuelle, il est assuré du lendemain, parce qu'il représente un capital et non un individu.

Il est vrai, s'il survient un manquement grave, un vol, une ivresse complète, une absence prolongée, et ces manquements sont loin d'être rares, ce noir sera passible d'un châtiment corporel. Mais, après avoir reçu cinquante coups de fouet, le malheureux ne sera pas modifié ; et sa force d'inertie restera la même.

L'esclave de ville n'est sensible qu'à une seule menace, celle de le renvoyer aux travaux des champs, à la *roça*, comme on dit. Mais ces serviteurs spéciaux sont très longs à dresser et difficiles à remplacer; le maître qui les loue a tout intérêt à ne pas exécuter sa menace qui le priverait d'un gros bénéfice; aussi ce moyen de coercition extrême est rarement employé. En ce point comme en d'autres, l'intérêt du maître à profiter d'un capital enlève tout excitant à l'amélioration progressive ; et, si théoriquement le noir est esclave, pratiquement son propriétaire l'est aussi, puisqu'il doit se contenter d'un service coûteux et insuffisant , et qu'il ne peut se débarrasser d'un mauvais serviteur qu'en diminuant son capital ou ses revenus. Combien est différente la situation de nos pays libres : là un domesti- que est forcé de faire passablement son service, puisque sans cela son maître le remplace et le laisse sans res- sources. Il a intérêt à faire ce service le mieux possible, avec zèle et exactitude et à bien l'apprendre dans tous ses détails; car il sait qu'il trouvera ensuite une situation meil- leure et plus lucrative.

L'influence du maître sur ce domestique est plus grande, puisque de mauvais renseignements suffisent à condamner au chômage et à la misère; et cependant l'in- dividualité de cet employé libre se développe parce que ses efforts ont pour lui une utilité.

Cette comparaison du travail libre et du travail esclave facile pour les travaux domestiques, parce que la vie de famille se présente à peu près sous les mêmes formes dans tous les pays civilisés, sera moins simple pour les travaux agricoles, plus spéciaux au Brésil et sans similaires dans la plupart des pays libres.

Ainsi je vais prendre pour exemple la culture la plus importante de ce pays, celle du café ; et je la choisis parce que, de l'avis de tous, elle suppose pour le noir des travaux spéciaux et pénibles auxquels il est spécialement adapté.

Les renseignements que j'aurais pu trouver sur la pro- duction du café dans d'autres pays dépourvus d'es- claves n'auraient peut-être pas permis une comparaison exacte à cause de la différence des conditions de climat, de sol et de culture, et j'ai dû me borner à ce que l'on peut voir au Brésil.

J'ai visité avec soin plusieurs fazendas de café; j'ai vu

les noirs travailler, manger, se récréer; j'ai examiné leurs cases, leur nourriture, leurs habits et les divers ustensiles où appareils qu'ils utilisent. Dans cet examen on trouve des choses qui répugnent à nos préjugés; la vue de ces hommes demi nus, ayant chacun leur tâche, surveillés par un feitor souvent brutal muni d'un fouet; les cris poussés de temps en temps et par ordre pour les tenir en haleine, leur mode de saluer automatiquement le maître, tout cela surprend et fatigue. Et cependant ces travailleurs sont peu couverts parce qu'il fait chaud; le surveillant est indispensable parce que sans cela il n'y aurait pas de labeur suivi; et les preuves apparentes de respect données au maître ne sont pas moins spontanées que beaucoup d'autres manifestations plus libres en apparence de nos pays civilisés.

Cet esclave est bien nourri, avec des aliments variés, et de bonne qualité; son travail n'est pas excessif puisque sa journée se limite par le lever et le coucher du soleil dans ces régions tropicales ou les jours sont peu prolongés; on lui impose une tâche très inférieure à celle que dans le même temps un ouvrier actif pourrait réaliser. Enfin, le repos du dimanche et des jours fériés est toujours respecté, et il y a des périodes annuelles de moindre travail. Dans les journées les plus pénibles et les plus prolongées, l'esclave de cafesal le plus surmené ne fournit pas la quantité de force dépensée par un paysan dans le Limousin pendant les fauches, ou dans la Beauce pendant les moissons et les ensemencements, ou dans le Bordelais pendant les vendanges.

Du reste, pour mieux juger de la qualité et de la quantité de travail de ce noir asservi, il est facile de comparer aux grandes fazendas à esclaves, d'autres exploitations généralement plus petites où le café est cultivé par des

hommes libres. D'après tous les renseignements que j'ai
pu prendre, ces petites exploitations placées dans les
mêmes terrains, et souvent dans des terrains plus fatigués
et anciennement cultivés, donnent des revenus beaucoup
plus considérables. On m'a cité notamment des plantations
de caféiers placés près de Campinas, qui contiennent
60,000 pieds et donnent autant de revenus que des fazendas
voisines de 200,000 pieds ; et cette différence énorme
de rendement doit être attribuée à la différence de main-
d'œuvre puisque toutes les conditions de culture restent
les mêmes.

J'ai visité aussi dans la même région plusieurs fazendas,
notamment celles de Morro-Azul et de Sede-Queas, où
une partie des cafesacs a été confiée à des colons portugais,
allemands ou italiens. Les propriétaires savent bien qu'a-
près quelques années nécessaires à l'acclimatation, à l'ac-
coutumance de culture et à l'élimination des mauvais colons,
les cafesacs traités par la main-d'œuvre libre, sont en
meilleur état et donnent davantage. Ils savent que l'ouvrier européen est plus soigneux et très souvent ils lui
confient, dès qu'il est un peu habitué, la partie la plus difficile de cette culture, la plantation du pied de café dans un
bois vierge à peine défriché, l'achèvement du défrichement
et l'élevage de ce pied jusqu'à cinq ou six ans. Cependant
la comparaison du travail libre et du travail esclave ne
peut se faire pour ces fazendas dans de bonnes conditions.
Les colons n'ont pas été suffisamment traités en citoyens
actifs ; on n'a pas cherché à les attacher à la terre et peut-
être essayerait-on plutôt l'inverse ; ce ne sont que des salariés contractés pour des prix relativement modiques, insuffisants à les intéresser réellement au succès de leur culture.

En ces circonstances comme en d'autres, les habi-

tudes invétérées dues au milieu esclave ont rendu aux
grands propriétaires brésiliens le plus mauvais de tous les
services. En faisant pour la plupart avec les colons européens des contrats analogues à ceux dont je parle plus
haut, ils ont arrêté rapidement la colonisation libre; et
l'intervention directe de l'Etat avec ses moyens coûteux et
compliqués est devenue indispensable au moins pour quelque temps. Ils ont limité les arrivages à des colons souvent mauvais, et par ce choix de moyens de colonisation
défectueux, ils ont amené des hommes insuffisamment ren-
seignés à douter de la supériorité du travail libre que dé-
montrent tous les faits.

Ainsi les cafesaes traités par les esclaves sont cultivés à
l'aide de moyens primitifs. Fort bien tenues en général,
ces plantations feraient l'admiration de nos agriculteurs
les plus difficiles, mais elles nécessitent une énorme dépense de main-d'œuvre; le meublissement de la terre est
fait à la main, à l'aide d'une sorte de bineur, l'*enxada*.
On n'a essayé des machines agricoles assez simples, des
charrues ou des instruments adaptés au terrain nommés
capinadors, qu'en des points très rares; et quoique ces
essais aient donné d'ordinaire de bons résultats, ils ne se
sont pas généralisés.

De même, quoique dans les conditions de végétation
active du Brésil, dans les conditions de plantation des
caféiers à la trop courte distance de 2 à 3 mètres, la taille
dût être utile à ces arbustes, elle n'est pas pratiquée; et tout
au plus a-t-on commencé quelques tentatives isolées. Tous
ces défauts de la culture, le labourage trop peu profond, la
plantation trop rapprochée, l'absence de taille qui entraînent
une diminution de la production annuelle et surtout une

C. 4

durée moins longue de la vie de l'arbre, ne cesseront d'après moi, qu'avec la main-d'œuvre esclave.

Des opérations de culture plus perfectionnées nécessiteraient une activité, une initiative une éducation professionnelle qui manquent complètement aux nègres, ou du moins à la plupart. On ne peut demander au malheureux esclave de la *roça* que le travail de ses bras, et on ne l'obtient qu'à l'aide d'une active et constante surveillance. Il faut plus de feitors pour surveiller trois cents esclaves qu'il ne faut de contre-maîtres pour surveiller douze cents ouvriers libres : d'où une nouvelle et importante différence dans le prix de revient du travail.

Enfin les opérations difficiles de la préparation ultime du grain de café sont restées longtemps défectueuses, et les cafés du Brésil étaient sur les marchés d'Europe très inférieurs aux autres cafés. Cette situation défavorable s'est maintenue tant que l'on a pas substitué à la main-d'œuvre directe du noir des machines diverses déjà très parfaites : ces cafés portent encore la peine de leur ancienne préparation, ils supportent comme vente en gros une moins value considérable, et ils ne sont pas débités sous leurs marques réelles.

L'étude de la culture du café prouve l'infériorité et la mauvaise qualité de la main-d'œuvre esclave et elle pourra aussi servir à établir son coût élevé.

Dans toutes les régions de cafesaes, un bon esclave d'âge moyen, coûte environ 1 conte 600 à 1 conte 800 mil reis, soit 4,000 francs. L'intérêt de l'argent vaut 12 p. 100, 10 p. 100 au moins; soit 400 francs par an. Cet esclave meurt ou devient infirme après un temps variable ; et les frais d'amortissement ne sauraient être inférieurs à 6 p. 100, soit 240 francs. Un travailleur agricole esclave, avant d'avoir produit aucun travail, coûte donc 640 francs par an : mais de plus son maître doit le nourrir, il doit l'habiller et l'entretenir ; il doit le soigner s'il est malade et il a tout intérêt à le faire de son mieux puisqu'il soigne un capital. Enfin il doit soigner aussi et entretenir indéfiniment les vieillards et les infirmes, et généralement il ne manque pas à ce devoir. La plupart des aliments cultivés dans la fazenda représentent une main-d'œuvre perdue pour le maître ; et il faut acheter des vêtements, de la viande sèche, de l'alcool, payer le médecin et les médicaments, installer et entretenir des maisons, etc.

Si on ajoute à ces frais ceux de surveillance, qui sont considérables, on constate qu'un esclave utile représente environ 800 francs de dépenses annuelles. Je reste donc probablement au-dessous de la réalité en évaluant à 1,400 francs le prix de revient annuel d'un travailleur esclave.

On m'objectera qu'avant la loi Rio Branco, le fazendaire n'achetait pas tous les esclaves, et les renouvelait en grande partie par les naissances. Mais il devait nourrir et entretenir ces jeunes jusqu'à l'âge utile de 13 à 14 ans ; il devait supporter la perte des morts, et aussi la perte de travail des mères pendant la gestation et la lactation ; et tous ces frais surajoutés à l'accumulation d'intérêt donnaient un capital élevé.

On m'objectera aussi qu'autrefois les esclaves coûtaient moins cher, grâce à la traite et aux arrivages incessants. Je pourrais répondre que je discute le présent et non le passé ; mais je crois que si l'on étudiait avec soin les conditions anciennes de vente d'esclaves, en tenant compte de la différence de valeur de l'argent ou des produits agri-

coles, on verrait que cette forme de travail n'a jamais eu le
bon marché pour raison.

Je n'insiste pas davantage sur cette comparaison du travail agricole libre ou esclave. Tous ceux qui vivent au Brésil
savent que le café est la culture à laquelle le noir est le
mieux adapté; et l'étude d'autres productions, canne à
sucre, coton, cacao, manihoc, maté, caoutchouc, et surtout
lin, vigne ou bétail nous aurait fourni des observations
encore plus probantes pour établir l'infériorité de la main-
d'œuvre esclave et son coût élevé.

Cette infériorité est aussi facile à démontrer pour les
travaux industriels. Là encore j'étudierai un cas particulier
pour lequel l'on possède de bons termes de comparaison.

On trouve au sud de la province de Rio-Grande, à Pelotas, on trouve aussi dans des points rapprochés de l'Etat
limitrophe de l'Uruguay, de grands établissements nommés *saladeiros* ou *charqueries*, où l'on transforme les bœufs
en conserves de viandes desséchées, en graisses, en cuirs
salés et en produits divers. Ces saladeiros du Brésil et de
la République orientale reçoivent le même bétail, et ils le
payent les mêmes prix; leurs produits, presque égaux
comme valeur et à peu près également recherchés, se vendent sur les mêmes marchés; leurs procédés de préparation sont très peu différents, et ces différences seraient en
faveur de Pelotas où les manœuvres sont relativement
moins compliquées.

Et cependant la situation des saladeiros de l'Uruguay ou
de ceux de la République Argentine est florissante, tandis
que leurs concurrents du Brésil se plaignent hautement et
voient de plus en plus diminuer leurs débouchés et surtout
leurs bénéfices.

J'ai fait à travers ces régions un assez long voyage, et

après avoir visité avec soin dix-sept de ces curieux établissements, parmi les multiples raisons alléguées partout pour expliquer les souffrances du marché de Pelotas, je n'en ai trouvé qu'une seule d'acceptable.

Au Brésil, les ouvriers des charqueries sont des noirs esclaves ; plus au sud, les saladeiros sont peuplés d'émigrants et surtout de Français, de Basques ou d'Italiens.

Cette différence initiale entraîne des conséquences multiples et inattendues.

Avec cent ouvriers libres, un saladeiro du Sud tuera en moyenne 500 bœufs par jour ; avec cent esclaves, un saladeiro du Brésil en tuera seulement 250. On peut apprécier l'ensemble total des opérations annuelles représenté par le chiffre des bêtes tuées et préparées, ou simplement étudier une des opérations les plus simples, et toujours on constate qu'un ouvrier libre fait le travail de deux esclaves et quelquefois de trois.

Il y a d'autres différences que celles de la quantité de travail : dans l'Uruguay, douze saladeiros tuent annuellement 500,000 bœufs tandis qu'il faut à Pelotas trente-deux saladeiros pour en préparer environ 400,000. Mais tel saladeiro du Sud qui, les années favorables, préparera jusqu'à 100,000 bêtes, pourra très bien, l'année d'après, tomber à 30,000 ou 40,000 ; au contraire, à Pelotas, le chiffre des bœufs utilisés chaque année par une exploitation varie seulement de un tiers à un cinquième.

Le fabricant de conserves du Brésil, ayant payé d'avance sa main-d'œuvre par l'achat et l'entretien de ses esclaves, se trouve forcé de toujours travailler pour ne pas subir la perte sèche de tous ses frais généraux, tandis que son concurrent du Sud tue beaucoup s'il gagne de l'argent et peu si le marché est défavorable. Il paye ses ouvriers libres en raison du nombre de bêtes préparées ; ceux-ci ont donc intérêt à travailler beaucoup, et le chiffre des bœufs qu'ils transforment peut être très variable. A Pelotas, au contraire, il est impossible d'exiger des esclaves apathiques autre chose qu'un minimum peu élevé et la quantité de travail reste à peu près fixe.

La main-d'œuvre libre du Sud est donc plus considérable et plus élastique, mais elle est aussi plus parfaite, et la division du travail est beaucoup plus complète. A Pelotas, c'est le même ouvrier qui dépouille un bœuf, l'ouvre, enlève ses membres, les transporte, sépare la viande des os, et ensuite la prépare ; et cela est nécessaire pour que l'on puisse surveiller cet esclave et voir s'il a produit un nombre de bœufs minimum. Au contraire, ces diverses opérations confiées au Sud à six ou sept séries d'ouvriers complètement différents deviennent beaucoup plus rapides et plus soignées ; les manœuvres de préparation peuvent être un peu plus compliquées, et, par suite, les produits ultimes dans l'Uruguay sont peut-être plus réguliers.

La situation différente de ces deux industries similaires sera parfaitement résumée par deux faits.

Dans les saladeiros du Rio de la Plata, un travailleur libre peut gagner jusqu'à vingt francs par jour, et quelquefois trente ou quarante ; ces ouvriers sont donc fort bien rétribués. Cependant si l'on divise la dépense annuelle totale d'un saladeiro par le nombre des bêtes préparées, en comprenant à Pelotos dans les frais généraux l'intérêt et l'amortissement du capital esclave, on voit que la dépense moyenne est considérablement plus élevée pour les exploitations du Brésil. L'esclave qui n'est pas payé est donc plus coûteux qu'un ouvrier libre, même si cet ouvrier, rétribué suivant son travail, gagne des journées excessives.

Le deuxième fait est encore plus caractéristique. Quoiqu'ils n'aient pas peut-être analysé suffisamment les conditions de leur production, les saladeiristes du Brésil ont très bien compris l'infériorité de leur main-d'œuvre ; et ils ont cherché à y remédier. La tâche journalière pour les travailleurs les plus importants, les carnéadors, étant de six à sept bœufs, ils payent les bêtes préparées au-dessus de ce chiffre un franc par tête.

Les noirs bons ouvriers peuvent dépouiller, diviser et charquéer jusqu'à quatorze ou quinze bœufs. On voit qu'il leur serait facile de réaliser chaque jour un gain relativement élevé ; malheureusement un très petit nombre sont actifs, et cette réforme si moralisatrice qui permet à ces noirs de se libérer eux-mêmes, n'a pas donné ce que les philanthropes auraient pu en attendre. Il n'en est que plus curieux de voir ces propriétaires d'esclaves amenés à essayer, sans y réussir, de transformer leurs noirs en travailleurs libres.

Je n'insisterai pas davantage sur cette étude du prix de revient du travail esclave. J'ai choisi trois exemples qui suffisent à établir l'infériorité du noir asservi sur l'ouvrier libre au point de vue de la quantité et de la qualité de la main-d'œuvre qu'il fournit.

Cette infériorité se chiffre par une si grande différence de prix de revient qu'elle suffirait à elle seule à amener la suppression rapide de cette forme de travail. Nous ne sommes plus aux époques où les peuples vivaient casernés chez eux, sans se mêler, sans échanger leurs produits, arrêtés qu'ils étaient par d'étroites barrières douanières. Alors la traite a pu fournir un moyen facile et sûr de se procurer du travail ; et ce travail employé à préparer des produits de luxe, du sucre, du café, du coton, etc., a pu rapporter aux exploitants de gros bénéfices.

Mais aujourd'hui les peuples émigrent et voyagent davantage. Le surcroît de la main-d'œuvre européenne suffit à exploiter les zones fertiles des pays vierges et inhabités ; et, le libre-échange ayant aidé à diminuer la valeur factice donnée à certains produits, les perfectionnements de l'outillage agricole et industriel ayant rendu leur préparation plus facile, leur consommation s'est accrue dans des proportions excessives.

Les anciennes exploitations cultivées par les esclaves ne forment plus qu'un faible appoint des marchés dont elles ont été longtemps les maîtresses. On fait partout du sucre ; la plus grande partie du coton qui se consomme est cultivé par des ouvriers libres de race européenne ; et la production du café indépendante du travail esclave commence à devenir importante.

Dans ces conditions nouvelles, le noir asservi ne peut lutter avec l'ouvrier libre : toute production pour laquelle s'établira la concurrence restera nécessairement entre les mains du second ; et le pays qui conservera trop longtemps la forme inférieure du travail sera tout étonné de se voir dépassé par des régions moins fertiles peuplées d'ouvriers libres. Ces faits se produisent déjà au Brésil pour quiconque sait les y voir, et ils constituent le danger d'une situation à laquelle il faut mettre fin.

Ainsi, à cause de la main-d'œuvre esclave, ce pays fait peu d'exploitations difficiles.

Après avoir commencé en divers points du Brésil, Rio Minas, Saint-Paul et Rio Grande notamment, des cultures de thé, d'indigo, de lin, de quinquina, de mûrier, des élevages de vers à soie, etc., on a dû arrêter ces essais souvent encourageants ou les laisser dans l'enfance dans l'impossibilité où l'on était de trouver une main-d'œuvre abondante et facilement éducable.

Le Brésil a des forêts vierges remplies d'arbres remarquables par la finesse, la dureté ou les qualités d'aspect de leur tissu ; ces arbres, il les brûle, à une seule exception près, le jacaranda ou palissandre, au lieu de les utiliser, et il reçoit en grande partie d'Europe les meubles, et même les bois ouvragés ou les charpentes qui lui sont nécessaires. Le Brésil a un grand nombre de substances textiles, produits naturels du sol, dont plusieurs sont au moins égales au coton ; il a des fruits divers et nombreux ; il a le tabac, la vanille ; il a des plantes pharmaceutiques multiples, l'ipéca, le copahu, le jaborandi, divers fébrifuges ; et tout cela n'est pas utilisé ou l'est insuffisamment faute d'une main-d'œuvre qui s'adapte rapidement aux difficultés de chaque production.

On m'accusera d'exagérer, et d'attribuer à l'esclavage des faits dans lesquels il n'intervient que secondairement par l'état consécutif du peuplement et de la main-d'œuvre, des échanges et des voies de communication. J'arrive donc à des observations plus topiques.

Si l'on jette un coup-d'œil d'ensemble sur l'état actuel de la main-d'œuvre au Brésil, on voit que tous les travaux difficiles ou pénibles sont entre les mains d'ouvriers libres indigènes ou européens.

Presque tous les jardiniers sont Portugais ; les terrassiers, les ouvriers de chemins de fer sont Portugais ou Italiens ; les cultivateurs de vigne du Parana ou de Rio-Grande sont presque tous des colons Portugais, Allemands, Suisses ou Français, et les seules plantations qui réussissent appartiennent à d'anciens vignerons comme Cavet à Curityba, ou à des hommes intelligents comme Gastal à Pelotas.

Les maçons, les charpentiers, presque tous les artisans sont des ouvriers indigènes ; et les travaux difficiles du défrichement, même dans les fazendas, sont faits par des travailleurs libres.

Les essais d'industrie qui prennent de l'extension, la préparation des cuirs ou des produits qui en dérivent, la production du fer à Minas, la taille du diamant à Diamantino, sont faits par des hommes du pays adaptés progressivement à ces travaux difficiles ; et les travaux de mine ou d'industrie laissés entre les mains des esclaves, l'extraction des diamants, la production de la carne secca, l'extraction de l'or ont vu, au contraire, diminuer leur importance. Ce sont aussi des hommes libres qui ont commencé et fait progresser l'utilisation de deux produits naturels comme le maté et le caoutchouc ; on ne pouvait pas songer à utiliser des esclaves pour courir les bois à la recherche de pieds de seringueros bons pour la coupe ou d'ilex propres à la taille.

Le travail du noir asservi demande une constante surveillance ; il ne peut être utilisé avec un certain profit que pour les services domestiques, ou pour les travaux agricoles faits par de grandes troupes d'hommes, et dans ces conditions il présente encore de multiples inconvénients.

Nous avons vu que la culture du café quoique relativement avancée se faisait sans taille des arbres et sans instruments aratoires ; nous avons vu que sa préparation dernière, restée longtemps mauvaise, avait entraîné une dépréciation durable qui est aujourd'hui complètement injuste.

Nous retrouverons, dans d'autres produits du Brésil, les mêmes insuffisances de culture et de préparation. Ainsi les sucres préparés par ses engenhos subissent, eux aussi, une moins value; et l'on sait qu'à Pernambouc, par exemple, les négociants anglais préfèrent acheter et transporter au loin les produits bruts tels qu'ils sont fournis par le broyage de la canne.

De même pour les fécules; de même pour les cotons : les cotons du Brésil se vendent moins cher que ceux de l'Amérique du Nord, et à certains moments leur marché a été difficile. Dira-t-on que les défauts de ces produits tiennent au sol et aux mauvaises conditions de végétation : mais tout le monde sait que ces conditions sont étonnamment favorables, et il serait facile d'appuyer sur un monceau de faits cette opinion générale. C'est donc l'intervention de l'homme qui est différente, et il faut la modifier; il faut remplacer l'esclave si l'on veut faire cesser cette dépréciation relative souvent exagérée des produits du Brésil.

La présence du travail servile entraîne d'autres inconvénients. Ainsi, chaque exploitation n'a qu'une culture importante; une fazenda fait du café, une autre du sucre, une autre du coton, une autre du bétail; mais sur cent propriétaires il n'y en a pas un qui vende deux produits différents. Cette spécialisation n'est pas due au sol, puisque à Rio, à Saint-Paul, à Minas, à côté d'une fazenda de café on en trouve une de sucre, une autre de coton ou de fécules. Elle est due à la mauvaise qualité de la main-d'œuvre qui ne peut s'adapter, l'empirisme l'a prouvé, à des cultures multiples et différentes.

Que nous sommes loin de l'Europe, ou de l'Amérique du Nord : là, un seul cultivateur, dans sa petite exploitation, fait à la fois du bétail, des céréales et des textiles ; et le même champ réunit souvent des vignes, des arbres fruitiers, de l'orge, du maïs, du froment, du lin ou du chanvre, des tubercules féculents ou sucrés, etc.

Cette spécialisation des cultures est nuisible parce qu'elle inutilise, dans chaque propriété, tous les terrains qui ne sont pas aptes à la production prédominante. Elle est nuisible encore parce qu'elle fait dépendre chaque exploitation de mille incidents, d'une gelée pour les caféiers, d'une maladie spéciale, ou encore de l'installation rapide de productions rivales. Que deviendraient certaines provinces du centre du Brésil si un fléau analogue à l'oïdium ou au phylloxéra venait ravager leurs caféiers; et les provinces du Nord n'ont-elles pas beaucoup souffert d'une maladie peu grave survenue dans leurs cannaviaes.

Cette spécialisation excessive des cultures a aussi une influence fâcheuse sur l'état des échanges nationaux.

Tandis que les exportations des autres régions agricoles portent sur des produits divers et multiples, celles du Brésil se limitent à une dizaine de produits pour l'ensemble de l'empire, à beaucoup moins pour chacune de ses régions; et ce pays se voit forcé d'acheter sous forme de conserves ou de viandes sèches, une partie des bœufs ou des porcs destinés à le nourrir; il achète aussi ses vins, il achète son riz et ses légumes, il achète même des fourrages.

La vigne vient bien dans le plateau du sud; le plateau du centre est couvert de pâturages admirables inutilisés; le maïs, les haricots ou le riz donnent régulièrement au Brésil des récoltes étonnantes, 500 pour le maïs, 300 pour le haricot, etc. Mais parmi ces cultures, quelques-unes comme la vigne sont trop difficiles pour la main-d'œuvre servile; et les autres, comme le riz, les céréales, le maïs, ne rapportent pas assez pour la payer. L'esclave ne peut fournir à bon compte beaucoup des matériaux nécessaires à sa propre alimentation ; son utilisation n'est possible qu'avec des cultures spécialement lucratives, et malheureusement ces productions présentent de multiples inconvénients que n'ont pas les denrées moins chères, dont le débit plus général est complètement assuré. Les céréales ou la viande à quantité de travail égale donnent des profits plus minimes que le sucre ou le café ; mais le pays qui les produit est sûr de l'avenir et ne redoute aucune concurrence.

On comprend maintenant pourquoi la situation économique du Brésil présente de si grandes lacunes. On comprend pourquoi ce pays si riche en minerais divers, en bois, en substances textiles, en produits végétaux utilisables, reste tributaire des autres nations pour tous ses produits fabriqués. On comprend surtout pourquoi ses exportations de matières premières restent aussi peu nombreuses, aussi peu considérables, et souvent aussi peu recherchées. Il lui manque une main-d'œuvre élastique et adaptable qui sache profiter de toutes les richesses de son sol, de sa flore et de son climat; et c'est l'esclave qui le condamne à rester sous la dépendance économique des nations voisines enrichies par la main-d'œuvre libre, comme c'est l'esclave qui ralentit les progrès de son épargne et de son outillage.

Le Brésil n'a pas de petite propriété : ce fazendaire a six cents esclaves ou plus, cet autre en a deux cents, et cet autre soixante; leurs terres couvrent plusieurs kilomètres carrés, si bien qu'une exploitation de quatre à cinq mille hectares est considérée comme petite, et qu'il en est de soixante et de cent mille. La nécessité de surveiller le noir et de le garder en troupes pour l'astreindre au travail en empêchant la division du sol a entraîné d'autres conséquences. Le peuple des campagnes est resté inactif et peu utile : il est resté inactif en partie parce que le grand propriétaire, maître de la terre, préférait utiliser l'esclave, et aussi parce que le gouvernement resté longtemps dans la main de ces grands propriétaires n'a rien fait pour l'instruire, pour l'outiller et rendre sa production possible. Par suite la terre est restée sans valeur. Un fazendaire possède quarante mille hectares dont dix mille sont plantés en caféiers utiles. Il vend, année moyenne, cinq cent mille francs de produits, sur lesquels trois cent mille au moins constituent un bénéfice net. Il veut réaliser sa propriété ; s'il la vend avec les esclaves, on lui en offrira environ un million deux cent mille francs ; s'il la vend sans les esclaves, peut-être ne trouvera-t-il pas acquéreur à six cent mille francs ; et souvent il a dépensé cinq cent mille francs en bâtiments, en machines, en chemins ou en installations diverses.

Un grand propriétaire a donc de gros revenus, mais il n'est pas riche parce que ses terres ne trouvent pas acheteur ; et il ne peut même pas réaliser le travail ou les capitaux accumulés dans une exploitation parce que cette exploitation n'a de valeur que par l'esclave, par le bétail humain qui sert à la cultiver.

Ces faits réagissent malheureusement, d'une façon directe, sur l'ensemble de la situation économique.

Le Brésil accumule peu d'épargne parce qu'il n'a ni exportation suffisante, ni terre divisée, ni travailleurs libres capables de créer la richesse générale.

Le Brésil a un crédit sérieux, qui reste inférieur à ses ressources réelles, d'abord à cause de cette absence d'épargne, et aussi à cause du peu de valeur vénale de ses exploitations.

L'argent y vaut cher, 10 à 12 p. 100 dans les transactions commerciales, d'abord parce qu'il est rare, et ensuite parce que son revenu se modèle toujours plus ou moins sur celui que donne les valeurs mobilières ou territoriales dont il est la représentation.

Le payement difficile d'impôts peu élevés, les fluctuations de la valeur du papier, la lenteur de progression de l'outillage national, les difficultés de l'émigration, l'absence d'un peuple véritablement utile, tous les problèmes économiques spéciaux dont se préoccupent, à juste titre, les hommes d'État du Brésil, reconnaissent en grande partie la même cause, la présence de l'esclave.

C'est donc cet esclave qu'il faut supprimer ou remplacer ; et il reste seulement à chercher les moyens de faire cette transformation.

III

Quel que soit le point de vue où l'on se place, que l'on se laisse guider par des idées *a priori* où que l'on se borne à l'observation patiente des faits, on arrive à la même conclusion, il faut substituer à la main-d'œuvre servile un autre mode de travail. Mais l'on ne s'entend pas sur les moyens de faire cette substitution.

Les partisans théoriques de l'égalité complète des races noires et blanches avaient cru possible la transformation brusque de l'esclave en ouvrier libre ; et dans les Chambres anglaises comme dans les Chambres françaises, ils manifestèrent hautement l'espoir de voir l'affranchi devenir immédiatement un travailleur actif et utile.

Si les faits avaient correspondu à ces désirs généreux, la question de l'émancipation serait au Brésil facile à résou-

dre ; et grâce à quelques articles de loi il y a longtemps
que l'esclavage aurait vécu.

Malheureusement nous avons déjà vu que dans ce pays,
comme aux Antilles ou dans l'Amérique du Nord, l'affranchi cesse presque toujours de travailler utilement et
surtout de s'employer aux travaux agricoles ; et cette constatation faite maintes fois a imposé aux propagandistes
de l'abolition immédiate comme aux autres la nécessité
de procéder progressivement.

Dans ces conditions, et l'impossibilité d'utilisation immédiate des affranchis étant reconnue, deux courants se
sont fait jour. Les uns veulent faire la transformation
progressive du travail avec les éléments de population
actuels ; et les autres, jugeant ces éléments insuffisants,
croient nécessaire de préparer auparavant ou simultané-
ment un meilleur peuplement et un meilleur outillage.

Je vais dire rapidement pourquoi je partage cette dernière appréciation ; et, dans ces questions délicates où ma
qualité d'étranger me crée des difficultés spéciales, je demande la permission d'écrire en toute franchise ce que j'ai
cru observer.

Actuellement c'est le noir asservi qui fournit la plus
grande somme du travail national ; et, entre les esclaves
peu nombreux et les classes aisées moins nombreuses
encore qui les utilisent, il n'existe pas de travailleurs manuels véritablement utiles. Il y a bien quatre ou cinq millions de paysans répandus dans les campagnes ; il y a bien
dans les villes des domestiques, des hommes de peine, des
artisans divers qui travaillent à leurs heures ; mais dans
les villes comme dans les campagnes ces hommes libres
laissent faire aux esclaves ou à des ouvriers étrangers la plus
grande partie des productions utiles et des exportations.

Par suite, la véritable difficulté n'est pas d'émanciper les noirs. Si au lieu de six millions d'habitants apathiques et sans besoins le Brésil comptait déjà six millions de travailleurs libres actifs et utiles, il serait facile à ce pays dépourvu de préjugé de race de supprimer ses esclaves : sa production nationale resterait suffisante, et son évolution ne serait pas troublée. Mais la difficulté est de former ces travailleurs libres, et de constituer, comme en Europe, des couches de producteurs profondes et bien liées.

Beaucoup croient possible de résoudre, en quelqnes années, un problème aussi grave.

L'esclave aurait, d'après eux, une influence néfaste ; il empêcherait, par sa seule présence, l'arrivée d'émigrants nombreux et entreprenants, et il paralyserait l'activité des habitants actuels. Si le cabocle refuse de se livrer à un travail agricole régulier, c'est qu'il ne veut pas être assimilé au noir asservi ; et si les hommes de couleur ont au Brésil tant de propension à devenir employés, artisans, petits étaliers, garçons de bureau, c'est parce que ces professions les éloignent davantage de leur point de départ. Supprimez l'esclavage ; et le travail devenu plus noble se généralisera, et l'on verra se former la petite propriété et l'épargne individuelle.

On va plus loin dans cet ordre d'idées. Le travail esclave, écrit-on, dégrade l'homme et le rend inapte à des occupations élevées. Ce noir venu d'Afrique au fond d'un navire était l'égal intellectuel et moral du colon européen ; mais une génération d'asservissement a suffi à le transformer momentanément en un être incapable d'aucun travail spontané, sérieux et suivi. Il faut donc rendre au noir la liberté pour permettre son développement ; et en faisant cesser l'esclavage on relèvera le travail manuel auquel tous les

C.   5 gens peu aisés voudront alors se consacrer : par suite il deviendra possible de former des travailleurs actifs et utiles avec les éléments de peuplement actuel.

Je refuse absolument pour mon compte de considérer la question sous un aspect aussi simple.

Je n'ai jamais cru à l'influence créatrice d'aucun législateur; et je pense que les réformes les plus justes, les plus utiles en elles-mêmes ne peuvent donner des résultats qu'après avoir été préparées et rendues nécessaires par le milieu, par les mœurs, par l'ensemble des conditions biologiques et sociologiques. Les articles de loi n'ont pas de vertu magique qui les rende capables de transformer rapidement des millions d'hommes de races diverses, et de constituer des citoyens actifs et économes là où le travail libre était à peine commencé.

Il faudrait un peu réfléchir et ne pas oublier que nulle part il n'y a de transformation brusque. On travaille des années pour faire des variétés de pigeons les unes avec les autres; on rirait d'un éleveur qui croirait possible de croiser sans discernement, ou de soumettre au même régime, aux mêmes travaux ses diverses races de bétail. On connaît tous les faits fournis par Huxley, par Hœckel, par Broca, par Quatrefages, par Hamy et tant d'autres; et cependant on trouve simple d'assimiler toutes les races humaines et de leur faire jouer le même rôle social.

Analysons donc l'état de la population du Brésil, étudions ses divers éléments, et voyons si l'on peut accepter l'idée d'une brusque modification de ses caractères biologiques et sociaux. Cette population est formée de trois séries de races différentes.

Ce sont d'abord les races indiennes. Dans certaines provinces et surtout dans celles de Pernambouc, du Céara, des

Amazones, elles ont déjà fourni par les croisements des éléments de population utiles, et le métis indien présente de réelles qualités. Il est relativement sobre, il est actif à ses heures, et surtout il est généralement honnête. Ce sont presque tous des descendants d'Indiens ces cabocles qui coupent le maté au Parana, où ces seringueiros qui vont recueillir le caoutchouc aux Amazones ; il a aussi très souvent du sang indien l'éleveur de bétail de Rio-Grande et de Montevideo, et les meilleurs essais de production libre agricole ont été faits à Pernambouc avec des éléments de croisements analogues.

Il est probable que le mélange indien continuera à fournir de bons éléments de peuplement ; cependant personne ne compte sur cette race pour résoudre en quelques années la crise actuelle du travail. On sait trop bien que le million de sauvages répandus aujourd'hui sur toute la surface du Brésil ne peuvent devenir immédiatement aptes à une production régulière ; et, comme ces tribus très pacifiques n'empêchent nulle part la colonisation progressive, on les laisse vivre ou mieux végéter à leur guise.

Pour utiliser certaines peuplades indiennes, il faudrait, comme l'avaient fait les jésuites au Paraguay, les réduire en esclavage, et personne au Brésil n'a jamais songé à employer les mêmes moyens. Mais on avait cru possible une transformation lente de l'Indien en travailleur libre, et des efforts divers ont été commencés dans ce sens. Aujourd'hui tout le monde a compris l'inutilité de ces tentatives, et quoique l'on ait conservé les services de catéchèse, quoique des gens vêtus de robe continuent moyennant salaire à porter à ces hommes primitifs la civilisation, c'est-à-dire le baptême, l'eau-de-vie et le fusil, personne au Brésil ne croit plus à l'Indien laboureur : et l'on n'y croit pas parce qu'après quarante ans d'essais et de dépenses on n'a obtenu encore aucun commencement de production sérieuse.

L'espérance que l'on n'a plus pour l'Indien, on continue à la conserver pour les races noires, dont l'importance au Brésil est encore plus considérable.

Étudions donc l'état de ces races ; séparons soigneusement ce qui appartient aux esclaves et ce qui appartient aux hommes libres, ce qui appartient aux noirs de race pure et ce qui appartient aux métis ; et essayons de voir à l'aide de ces constations précises dans quelle mesure on peut compter sur cet élément de population.

Nous pourrions prendre l'esclave à son origine en Afrique; et les faits que nous fourniraient tous les récits des voyageurs nous montreraient que sur les côtes du Congo ou du Mozambique, le noir de la plupart des races est différent du blanc au double point de vue ethnique et sociologique. Est-ce que ces citoyens libres de l'Afrique n'ont pas comme leurs frères captifs le dégoût du travail manuel; est-ce qu'ils cultivent les terres si fertiles qui sont en leur possession; n'est-il pas prouvé qu'employés comme travailleurs, ils !fournissent beaucoup moins de main-d'œuvre que les ouvriers blancs? Ont-ils des idées de liberté individuelle, ces hommes qui trouvent naturels d'être battus, d'être vendus, d'être tués suivant les caprices d'un chef militaire ou d'un despote? Ont-ils des idées de famille ou de propriété, ces malheureux qui vendent leurs enfants pour quelques lambeaux d'étoffe voyante, qui tuent les voyageurs pour les piller et considèrent le vol comme un moyen de lutte pour la vie? Et l'étude de leurs sociétés embryonnaires, passagères, mal agrégées, sans outillage et sans production, comme l'étude de leur cerveau ou de leur crâne, n'est-elle pas suffisante pour répondre à ceux qui font des théories sociales avec des mots vagues ou avec des idées *a priori ?*

On pourrait procéder d'une autre façon encore, et montrer aux humanitaristes que les noirs venus au Brésil y ont trouvé pour la plupart une situation préférable. Mieux nourris, mieux logés, ayant la facilité de rentrer par l'affranchissement dans une société avancée, ils n'avaient certes rien à envier à leurs frères restés libres. Et, de fait, ils n'enviaient et ils n'envient encore rien.

Je rencontrais un jour à l'ombal, petit bourg situé à 200 kilomètres de Rio, un fils de roi du Congo. Il avait été pris à la guerre avec les siens dans une bataille où son père avait été tué : vendu par le roi leur ennemi à un négrier portugais, il fut amené au Brésil sous le règne du roi Jean, c'est-à-dire probablement vers 1815 ; je dis probablement, car ce vieux noir, suivant l'habitude, ne se prendait compte ni des âges, ni des dates.

Il avait souffert sur le bateau, il avait été surpris de venir aussi loin, il se plaignait d'un de ses premiers maîtres, violent et brutal ; et c'était tout. Déjà vieux, laissé complètement libre et vivant au milieu des blancs, il n'avait aucune idée que sa situation eût pu être différente. Il nous fut impossible, à mon ami G. de Taunay et à moi, de lui arracher aucune plainte contre la perte de sa liberté et sa vente comme esclave. Il ne comprenait pas ce dont nous lui parlions ; et, s'il avait pu comprendre, nous l'aurions bien surpris en lui disant que son maître n'avait pas le droit de le vendre et de violer sa liberté.

Ce que nous avions appris de ce fils de roi qui avait passé plus d'un demi-siècle au milieu d'une société civilisée, nous aurions pu le demander à tous ses compagnons d'esclavage.

Eux aussi, bien souvent, ne se doutent pas qu'ils pourraient avoir une situation différente ; et il serait aussi facile de leur parler hébreu ou sanscrit que de les amener rapidement à comprendre qu'ils pourraient servir d'éléments actifs dans une société civilisée.

Cette liberté dont d'autres sont pour eux si avides que, pour la leur donner, ils n'hésiteraient pas à bouleverser un état social, les noirs eux-mêmes la désirent sans passion ; et pour la conquérir, ils refusent presque tous de faire aucun effort. Nous avons en Europe des travailleurs de terre qui pour un gain modique se lèvent à l'aube et se couchent tard ; ils passent leur vie à agrandir leur champ, ne perdront ni un moment de travail utile ni une occasion d'économie : et ce que nos paysans font par goût du travail et de l'épargne, le noir ne le fera pas par amour de la liberté.

J'ai dit qu'on laissait aux esclaves de fazendas des terrains à utiliser pour eux les heures ou les jours de loisirs ; avec des cultures faciles de maïs, de haricots, qui donnent 300 à 500 pour 1 et se vendent assez cher, ils pourraient en trois ou quatre ans se libérer ; et cependant, dans toutes les régions de Rio et de Saint-Paul que j'ai traversées, on n'a pu me citer un seul exemple d'esclave de la roça affranchi par son propre travail. La plupart des terrains mis à leur disposition par le maître restent incultes ; ou s'ils y plantent quelque chose, c'est de la canne, du riz ou d'autres végétaux qui peuvent leur fournir des friandises.

Ce peu de désir de la liberté ou du moins cette absence d'efforts pour la conquérir se retrouve partout, au sud comme au nord, dans les villes comme dans les campagnes.

Ainsi au sud, à Rio-Grande, un bon ouvrier de saladeiro peut gagner 4 à 7 francs par jour en supplément de travail ;

dans certaines installations, comme celles de M. da Costa, l'usage du travail payé existe depuis nombre d'années, et cependant on peut compter le nombre des esclaves qui ont su en profiter.

De même dans les villes, nous coudoyons tous les jours des portefaix, des cuisiniers, des valets de chambre esclaves qui, par suite des gratifications ou des économies faites sur les sommes laissées à leur disposition, gagnent plus que beaucoup de domestiques d'Europe supposés plus libres. Ce gain, ils l'emploient à se bien habiller, à abuser de l'alcool, de certains aliments; mais en dehors de certaines races comme les Minas, ils ne songent que rarement à se libérer.

La loi a multiplié pour eux les facilités d'affranchissement; elle leur facilite le placement de leurs économies; elle oblige le maître à leur concéder la liberté pour un prix très inférieur à leur valeur vénale. Rien n'y a fait: et les progrès de l'émancipation pendant ces dernières années sont dues, en entier, aux libérations particulières.

Il est juste de reconnaître que les bons traitements dont jouissent les esclaves sont pour beaucoup dans cet état de chose. Un noir bien nourri, bien logé, travaillant peu, à peine surveillé n'éprouve aucun besoin à changer nominalement une situation qui resterait la même, ou qui deviendrait plus mauvaise s'il devait quitter son prétendu maître. On voit assez souvent des noirs refuser leur liberté dans les villes; et on le voit aussi dans les campagnes, au Parana par exemple, où, comme je l'ai dit, beaucoup de noirs asservis ont acquis en troupeaux une véritable richesse.

Il faut se souvenir aussi que tous les esclaves venus d'Afrique actifs, entreprenants et capables d'efforts, ont

déjà eu le temps de se libérer. Cependant ce fait de voir
1,500,000 esclaves ne pas profiter de toutes les facilités que
l'on donne à leur émancipation reste suffisamment caractéristique, surtout si on le rapproche d'autres faits fort nombreux qui en permettent l'analyse. Ainsi on a commencé
depuis quelque temps, à Rio, une série de conférences antiesclavagistes; les orateurs du théâtre San Luiz sont des
hommes instruits et distingués; tout le monde peut gagner
à les entendre, et surtout ce noir qu'ils voudraient libérer,
instruire et élever. Partout à Rio on trouve des esclaves
oisifs; mais s'il est un point où ils soient peu nombreux,
quoiqu'ils aient toute liberté d'y affluer, c'est de l'avis de
tous la salle des conférences, les jours où on s'y occupe de
leur émancipation. La plupart de ces hommes n'ont que
faire de ces « droits de l'homme » supposés primordiaux
dont on veut leur donner la jouissance; et tandis qu'ailleurs
la question devenue moins théorique s'est déjà transformée;
tandis que les sociétés avancées tâchent de répondre aux
demandes du pauvre et de l'ouvrier qui exigent au lieu de
droits platoniques le droit au travail et à la lutte et l'égalité
des moyens de développement, le noir au Brésil ne demande
qu'une facilité, qu'un droit : celui de *ne rien faire*.

Il faut avoir le courage de reconnaître les faits exacts,
puisque rien ne sert de les pallier ; le noir esclave est presque toujours un grand paresseux, et cette paresse fait le
fond de toutes ses relations individuelles et sociales.

Il est à peine arrivé à cette phase primitive d'évolution
où l'on considère tout labeur comme une peine ou une
punition ; et pour lui aussi le souverain bien correspond à
l'absence de toute activité.

Cette absence de travail se retrouve partout. Elle se retrouve dans la faible puissance de production de l'esclave,

dans la nécessité d'une surveillance continue comme dans la mauvaise qualité de sa main-d'œuvre et de ses produits.

On la retrouve encore dans l'impossibilité où l'on est d'utiliser immédiatement l'affranchi : on la retrouverait peut-être aussi dans d'autres faits sociaux avec lesquels elle semble avoir moins de rapport.

L'esclave est donc paresseux; s'il souhaite la liberté, s'il envie son maître, c'est parce qu'il voudrait pouvoir ne rien faire; car il ne comprend pas que l'absence de travail manuel peut coïncider avec des occupations cérébrales, avec des inquiétudes ou des peines bien autrement pénibles.

Ce défaut évident de développement se retrouve dans tous les côtés de son intelligence que l'on essaye d'analyser.

Ainsi, la plupart des noirs au Brésil n'ont pu s'accoutumer encore à la notion sociale de propriété ; et, pour eux, comme pour leurs frères de l'Afrique, le vol est un moyen naturel de possession.

Dans chaque exploitation agricole, la perte imposée au maître par les déprédations de ses esclaves est considérable ; et dans les fazendas de café surtout la dépréciation subie de ce chef est considérable. On a beau fermer les cases le soir, on a beau surveiller dans le jour; pour voler, le noir devient industrieux et actif, il sait dissimuler, et au premier instant de liberté il ira vendre le produit de son industrie.

Le vol est aussi une des plaies du service domestique esclave. On n'a souvent d'autre remède que de le tolérer : ainsi d'ordinaire une maîtresse de maison n'essaye pas de surveiller son cuisinier noir : elle lui donne une somme fixe, moyennant laquelle il doit porter des provisions suffisantes. De même, beaucoup de maîtres n'imposent à leurs esclaves loués que l'obligation de payer une redevance fixe généralement assez faible, parce qu'ils ont reconnu l'impossibilité d'en obtenir aucun compte à peu près exact.

Le nègre qui n'a pu comprendre la notion de propriété s'élève aussi très rarement à l'idée de famille.

On trouve beaucoup de négresses qui ne savent pas le nombre de leurs enfants, comme aussi on en trouve qui ne se sont jamais inquiétées de savoir ce qu'ils étaient devenus. J'ai demandé souvent, à Rio, à des esclaves ou à des affranchies de m'indiquer où étaient leurs enfants sans qu'elles puissent y parvenir; ou encore, d'autres fois, ces enfants habitaient à leur portée, elles le savaient, et elles ne s'étaient donné aucune peine pour aller les voir de temps en temps. La loi qui défend de séparer les mères des enfants dépasse donc le niveau d'évolution actuelle, et elle cherche à créer un progrès.

On s'est étonné que cette loi n'ait pas imposé d'autres obligations relatives aux mariages; je m'en suis étonné moi-même, et cependant l'observation journalière permet de comprendre pourquoi le législateur n'a pas cru devoir intervenir.

Il y a beaucoup de fazendas où les maîtres ont cherché à habituer leurs noirs à la vie familiale. Ils sont alors obligés de clôturer avec soin les jeunes filles pendant les heures de liberté, et de les occuper à des travaux spéciaux faciles à surveiller.

Arrivé à l'âge matrimonial, le noir, laissé libre dans son choix, se marie assez facilement; mais sa femme devient son serviteur et sa chose, et il l'utilise aux heures de liberté à lui préparer des plats spéciaux, des sucreries et d'autres douceurs. Cette femme lui rend d'ordinaire avec usure cette absence d'affection; et, si elle trouve sur son chemin un noir mieux découplé qui lui plaise, elle n'éprouve aucun scrupule à se débarrasser du gêneur en mêlant aux friandises des herbes vénéneuses. Les morts d'esclaves mariés étaient devenues si fréquentes que, dans presque toutes les fazendas, on a dû interdire aux veuves de se remarier, et les empêcher de continuer les relations sexuelles.

Cet ensemble de précautions restrictives nécessaires pour imposer une réforme aussi morale et aussi utile explique pourquoi beaucoup de propriétaires ont cru plus simple de ne pas intervenir. Dans les agglomérations des fazendas, on laisse alors les deux sexes mélangés pendant deux à trois heures chaque soir ; et dans les villes, pour les esclaves isolés on se borne à n'exercer aucune surveillance. Aussi la plupart des fils d'esclaves n'ont qu'un parent connu, la mère, et celle-ci serait souvent embarrassée de compléter un état civil exact.

Les relations sexuelles n'ont pas dans ce milieu l'importance que nous leur attribuons ; et les romans attendrissants que l'on a écrit, les discours pathétiques que l'on a faits pour plaindre la jeune esclave livrée aux caprices et aux brutalités d'un maître entreprenant étonneraient considérablement toutes les négresses du Brésil. Sur plusieurs centaines de mille, on peut en chercher une, jeune fille ou femme, qui ne considère pas comme un honneur ou un plaisir d'être distinguée par le maître : on ne la trouvera pas.

S'ils n'ont pas d'idées familiales, les noirs n'ont pas non plus d'idée religieuse, et il faut avouer que l'on a fait peu de chose pour les leur donner.

Il y a au Brésil une religion d'Etat ; et, quoique les croyants soient peu nombreux, quoique les fanatiques manquent presque complètement, l'importance des idées ou des hommes d'église est restée jusqu'à ces derniers temps considérable. Cependant dans cette nation catholique personne ne s'est occupé sérieusement de catholiciser les noirs; on expédie dans les régions d'indiens des missionnaires que personne ne peut surveiller, mais on ne songe pas à en envoyer à ces noirs rassemblés par centaines aux portes des villes. Aux grandes fêtes de la fazenda, c'est-à-dire aux anniversaires du maître ou de la maîtresse, les esclaves assistent à des exhibitions d'oripeaux ou à des cérémonies diverses : quelquefois aussi on les baptise. Mais la plupart du temps il naissent, vivent et meurent sans avoir eu aucun contact avec les représentants de la divinité. Il y a là une propagande à recommander aux agences qui s'occupent d'améliorer les vies futures ; il est vrai qu'elle serait peu lucrative.

Mais parlons sérieusement de choses malheureusement trop sérieuses ; et continuons l'analyse des caractères sociaux de ce noir asservi.

Nous l'avons trouvé paresseux, apathique, sans idée de famille et de propriété; il ne faudrait cependant rien exagérer. Ce paresseux, s'il est surveillé, est capable de travaux pénibles et prolongés ; cet homme qui s'expose à être battu pour voler n'attaquera jamais un voyageur sans défense, et la sécurité est complète au Brésil, bien plus complète que dans les régions voisines peuplées d'hommes libres originaires de toutes les nations ; cette négresse qui oublie ses enfants au point qu'elle n'en sait plus le nombre les a cependant nourris et soignés quand ils étaient petits avec assez de zèle, et quand cela a été utile elle aura même partagé avec eux son nécessaire.

Il serait assez difficile de pénétrer la raison intime de toutes ces contradictions, si une analyse plus prolongée n'amenait bientôt à une constatation qui devient une véritable explication.

La plupart des noirs adultes présentent beaucoup des caractères des enfants de nos sociétés civilisés.

Comme les enfants, ils ont les sens inférieurs et surtout le goût et l'ouïe relativement développés. Le nègre aime le tabac, le riz, le maïs bien grillé ; il adore les choses sucrées, la rapadura ; mais ce qu'il aime par-dessus tout, c'est la cachaça ou eau-de-vie de canne impure fabriquée dans le pays. Pour avoir de la cachaça, il vole ; pour avoir de la cachaça, il se sauvera la nuit ; et, sacrifiant plus à cette passion qu'à la liberté elle-même, quelquefois il travaillera le dimanche, si bien que l'esclave dont le champ particulier est cultivé peut être simplement un ivrogne plus déterminé. Malgré toute la surveillance, toutes les défenses, tous les châtiements, il y a souvent des esclaves ivres dans les fazendas ; et de l'avis de tous l'ivrognerie est le plus grand défaut.

Le noir aime aussi les choses voyantes, les tissus de couleurs ou les sons éclatants. S'il achète des étoffes, ce qui est rare, elles seront rouges, violettes, ou bleu ciel ; et s'il peut s'offrir des plaisirs musicaux, il choisira de préférence la fanfare à grand orchestre. Il suffit à Rio de regarder passer une musique militaire : elle est toujours suivie par des bandes d'esclaves oisifs ; et le goût des costumes est probablement pour quelque chose dans la facilité avec laquelle un affranchi s'engage dans l'armée.

Comme l'enfant, le noir est sensible aux châtiments corporels. Il n'est malheureusement pas douteux que ce triste moyen de coercition est dans beaucoup de cas utile, et très peu d'esclaves semblent se douter de l'ignominie de ces traitements. Surpris en faute, ils attendent patiemment qu'on les batte ; au besoin ils s'exposent d'eux-mêmes à la punition qu'ils croient avoir méritée ; et dans les mai-

sons européennes l'esclave loué, recevant des reproches,
répondra quelquefois tranquillement qu'il a besoin d'être
fouetté.

Dans tous les cas, soit à la ville, soit dans les fazendas
où les peines infligées sont quelquefois terribles, jamais
les noirs ne protesteront contre un châtiment qu'ils croient
mériter; mais ils se mettent en fureur, et au besoin se ré-
voltent pour tout ce qui peut être considéré par eux comme
injuste.

Il n'y a aucun danger si un feitor fait fouetter cinquante
esclaves pour avoir volé quelques sacs de café; mais ce surveillant pourra être assassiné le lendemain du jour où il
aura un peu diminué ou simplement modifié les heures de
liberté habituelle. De même les révoltes générales sont
assez rares chez les maîtres durs et sévères, mais égaux;
et elles sont fréquentes chez ceux qui changent le régime
des esclaves et les font lever, travailler et manger sans
règle précise et absolue. Elles se produiront encore à la
suite de promesses qui n'auront pas été tenues; et ainsi ces
dernières années, il a fallu envoyer la troupe contre des noirs
remarquablement bien traités par leur maître, exempts de
punitions corporelles et peu chargés de travail. Seulement
ce maître avant de mourir ayant manifesté devant quelques
feitors le désir qu'il aurait eu de libérer tous ses noirs, si
sa fazenda n'avait été grevée d'hypothèques, les malheureux
ne pouvaient comprendre qu'un blanc ne fût pas libre de
toutes ses actions; et de la meilleure foi du monde ils se
croyaient indûment retenus.

Dans ce cas comme dans d'autres, les noirs supposent
avoir des droits à toutes les choses que l'on a promises,
accordées une fois ou simplement tolérées, et ils n'ont pas

d'autre critérium de leurs obligations ou de leurs exigences.

Mais ils sont pour la plupart incapables de sentiments profonds ou de résolutions durables. Ainsi leurs fureurs sont généralement passagères ; un esclave qui aura tué un feitor, s'il était maltraité, deviendra ensuite un bon serviteur dans une autre fazenda.

Sensibles aux bons traitements, ils passeront toute leur vie sans commettre de gros manquements chez un maître qui leur laissera beaucoup de liberté : ils seront relativement dociles s'il leur confie toujours le même travail ; ils pourront paraître très dévoués parce qu'ils accompliront presque sans y penser des services difficiles et périlleux ; mais presque toujours (j'admets des exceptions), il n'y aura au fond ni affection ni reconnaissance. Les esclaves les mieux traités pourront être comme les autres voleurs et buveurs ; si on les libère, le lendemain du jour où l'on a fait le gros sacrifice de leur rachat ou de leur valeur vénale ils s'empressent de réclamer un traitement mensuel, et ils quitteront leur ancien maître pour une faible différence. Souvent aussi, une fois libres, ils deviendront désobéissants, arrogants, buveurs et ivrognes, et il faudra s'en débarrasser. Il n'est pas rare qu'un esclave libéré ne vienne plus trouver son maître que pour lui demander de temps en temps de quoi boire ou manger, et souvent les maîtres recueillent des affranchis que leur paresse et leur ivrognerie ont mis dans l'impossibilité de se suffire.

Le noir asservi a donc tous les caractères intellectuels et moraux d'un enfant mal adaptable aux conditions de la vie civilisée.

Mais cet enfant est trop vieux pour être rapidement transformable ; et ses caractères ethniques et sociologiques, pour être comparables à ceux de notre première évolution, n'en sont pas moins des caractères définis et arrêtés qui demandent pour se modifier plusieurs générations.

Que n'a-t-on pas tenté dans certaines fazendas pour supprimer toutes les influences dont on a voulu faire la cause de l'abaissement du noir. Comme me le disait un jour un de ces vrais philanthropes qui voudraient transformer le noir avant de lui donner des droits dont il est incapable d'user, il faut des années, il faut des changements multiples d'esclaves et de feitors, pour arriver à pouvoir supprimer les châtiments corporels ; et l'on doit ensuite être patient et tolérant, fermer les yeux sur les vols que l'on n'a pu empêcher, et ne pas s'illusionner sur la valeur de la réforme que l'on a cru accomplir.

« Peut-être ne serais-je pas parvenu à me passer des peines corporelles, me disait M. Tiribiça, si ma fazenda de Resaca, au lieu de cent esclaves, en eût compté quatre ou cinq cents. » Et cet homme distingué à bien des titres ajoutait : « J'attends, je désire et je demande une émancipation plus hâtive que celle de la loi Rio-Branco ; je cherche à mettre mes noirs en état d'en profiter, mais je sais bien que le lendemain de leur libération presque tous me quitteront pour vivre dans les bois misérables et inutiles. »

Et cependant on aura une idée de la façon dont les esclaves étaient traités dans cette fazenda, par ce simple fait. Je venais d'arriver seul, à pied, de la gare voisine ; et, quoique mes lettres de recommandation eussent été égarées ou mieux retardées par la poste, j'avais été reçu avec cette large hospitalité qui est un des plus beaux titres d'honneur du peuple brésilien. Je parcourais les titres des livres que je voyais sur la table de travail de mon hôte, Darwin, Spencer, Lyell, Cl. Bernard..., et, je dois l'avouer, ce n'est pas sans quelque étonnement que je les trouvais là, et que je les trouvais portant les traces d'une lecture prolongée.

Mon hôte rentra, suivi bientôt de plateaux de fruits et de rafraîchissements, et il se mit à préparer lui-même un magnifique ananas. Presque aussitôt une nuée de petits visages noirs plus ou moins éveillés, de tous les âges, 5 à 12 ans, vint emplir la porte du salon ouverte sur la cour d'entrée. J'étais, je l'avoue, étonné pour la seconde fois. M. Tibiriça le vit et me dit tranquillement : « Quand on mange à la maison des ananas, j'ai l'habitude d'en couper d'abord un pour eux ; aussi ils le savent, et viennent, vous le voyez, le réclamer ; » et en même temps, n'ayant sous la main qu'un ananas bien mûr, il leur donna quantité des autres fruits qui avaient été apportés et préparés pour moi.

Je le demande aux gens non prévenus, y a-t-il en Europe beaucoup d'établissements agricoles où le maître ait autant de soins, autant d'attention, autant de véritable affection pour ses salariés.

Il est vrai que, dans toutes les nations, les hommes de la valeur de M. Tibiriça sont rares ; mais il est juste de reconnaître qu'au Brésil beaucoup de propriétaires d'esclaves ont depuis longtemps cherché comme lui à habituer les noirs au mariage, à la propriété, au travail intéressé et utile, comme ils se sont abstenus de tout châtiment corporel.

Et si, par de tels moyens, on ne peut arriver à aucune amélioration appréciable, si les fazendas où les châtiments sont journaliers, où l'on a déjà fouetté tous les esclaves, ne diffèrent aucunement des autres, à qui fera-t-on croire qu'il suffira d'un mot, la liberté, pour

C.

réaliser ce que n'ont pu faire des soins prolongés et bien coordonnés.

Du reste, pour juger de ce que pourra produire la vie civilisée, comparons le noir venu d'Afrique et resté isolé dans une fazenda reculée au noir né dans les villes, mêlé au blanc dans des conditions de liberté entièrement comparables à celles dont jouissent nos domestiques européns.

L'esclave de la roça est sûrement le plus à plaindre : sans relations avec le monde extérieur composé pour lui de ses maîtres et de quelques rares visiteurs, attaché à une terre qu'il cultive tout le jour, lentement et péniblement, ne supposant pas qu'il puisse exister autre chose, cet homme, s'il est bien nourri, bien logé, et si on sait lui choisir de bons surveillants, laisse passer les années sans se plaindre. Est-il heureux, je ne sais ; et il ne le sait peut-être pas lui-même, puisqu'il manque de termes de comparaison ; mais en tout cas, il remplit un rôle utile et il ne souffre pas.

Au contraire, nous sommes dans les villes : le milieu civilisé a produit des différences ; le noir est bien mis, il sait répondre, il veut être libre et quelquefois il remplit des fonctions compliquées. Mais si l'on gratte cette écorce, on est forcé de reconnaître que la supériorité est du côté du pauvre noir de la roça.

On sait que les *creolas*, c'est à dire les nègres nés au Brésil, sont moins bons serviteurs, moins travailleurs, moins dociles et moins dévoués que les Africains. On sait aussi qu'ils se libèrent relativement moins souvent.

Parmi les noirs, il y en a de remarquablement bien traités ; ce sont ceux que l'on emploie aux services domestiques et surtout aux services individuels. Ainsi, dans une fazenda, les esclaves de la maison, *escravos da casa*, se distinguent complètement de ceux de la roça, et parmi les escravos da casa, les pages attachés aux maîtres jouissent de droits ou mieux de privautés et de familiarités qui, en Europe, ne seraient pas tolérées. Ils sont bien nourris, bien logés, bien habillés ; libres de presque toutes leurs actions, ayant un service peu pénible, ils disposent par petites sommes de quantités d'argent relativement considérables. Cependant, s'il y a des révoltes, ce sont presque toujours les esclaves domestiques ou les pages qui les provoquent.

Ici, c'est un page qui dévalise complètement son maître de tous ses objets précieux ; ailleurs, à Campos, ce sont des esclaves domestiques qui envahissent, un jour de fête, la table qu'ils étaient chargés de servir, tuent le maître pour s'installer à sa place et faire pendant trois heures une bombance complète ; en bien des points, enfin, ce seront des tentatives sur les filles ou la femme de leur maître. Leurs appétits se sont développés, ils ne se contentent plus de la vulgaire cachaça ou des négresses de la roça ; mais au fond ils restent les mêmes. Leur capacité de travail est sûrement diminuée ; et entre le labeur du pauvre noir de la terre et le labeur de l'escravo da casa, il n'y a pas d'assimilation possible. Il n'y en a pas non plus au point de vue de leurs habitudes extérieures et de leurs relations.

Ces esclaves mieux traités professent le plus profond mépris pour leurs autres camarades ; et la distance qui sépare en Europe un agriculteur ou un industriel de ses ouvriers est sûrement moins grande qu'au Brésil celle qui différencie un page ou un cocher du malheureux noir de fazenda.

Les théoriciens qui veulent l'égalité de tous les hommes ont peut-être compté sans le noir qui, devenu libre, voudra peut-être former des castes et ne pas confondre tous les affranchis.

Le milieu civilisé n'a pas formé davantage les idées de fraternité. Si un esclave bien traité par le maître et ayant sa confiance devient, ce qui n'est pas rare, le surveillant des autres, le feitor, à peu près toujours ce choix se manifestera par un redoublement de punitions ou d'injustices : et par suite les feitors esclaves sont plus souvent assassinés.

Les noirs des villes n'arrivent pas non plus à s'élever à la notion de propriété. Ils ne voleront plus du café ou du maïs, mais ils voleront des bijoux, des objets de toilette, et surtout du vin ou des liqueurs fortes ; et dans tous les hôtels où le service est fait par des noirs, on ne manque pas de prévenir les voyageurs des précautions à prendre.

Ce sont aussi les noirs des villes ou les esclaves domestiques qui fournissent ces agents électoraux ou *capoeiras* et ces meurtriers tolérés ou *capangas* qui ont été longtemps une des plaies du Brésil. La vie de leurs semblables est pour ces hommes si peu de chose que, moyennant cent francs, cinquante francs, moins quelquefois ils feront le coup de couteau contre une personne qu'ils n'ont jamais vue.

En résumé, en dehors d'exceptions qu'il faudrait analyser, le noir bien traité, laissé aussi libre et plus libre que nos domestiques Européens, ne devient pas meilleur : et d'ordinaire il reste incapable de remplir ses devoirs sociaux et de respecter les droits de ses concitoyens.

La transformation se borne à des côtés superficiels sans rapport avec les nécessités de la vie civilisée.

Ainsi l'esclave des villes arrive assez vite à copier les formes extérieures de ses maîtres. Il laissera les étoffes

voyantes pour porter les redingotes défraîchies ou les
bijoux démodés, et l'amour des beaux habits, des habits à
la française et du chapeau haut deviendra souvent pour
lui une véritable passion.

On retrouvera ce besoin d'imitation dans bien d'autres
particularités.

Ainsi rien n'est plus curieux que d'entendre causer deux
esclaves domestiques : ils pourront s'injurier, mais ils y
mettront des formes; et, dans leurs relations ordinaires,
en dehors du titre d'excellence qu'ils n'ont pas encore
accaparé, ils se prodiguent les marques les plus parfaites
de respect.

Il est intéressant aussi de suivre ces noirs dans les
églises, où leurs pratiques extérieures feraient envie aux
dévotes les plus renforcées. Cependant les malheureux
n'ont jamais rien compris aux pratiques qu'on leur fait
accomplir, pas plus qu'ils ne savent rien des dogmes qu'on
leur fait révérer.

De même ils perdent l'habitude de leurs divertissements
primitifs; ils ne dansent plus le *jongo* ou la *bamboula*; ils
ne psalmodient plus leurs chants monotones; les noirs des
villes, hommes graves et bien mis, ont leurs sociétés cho-
régraphiques et leurs bals où l'on ne danse qu'à la Française et où les raffin   mettent des gants.

Assez souvent ce goût d'imitation leur permet d'apprendre peu à peu des métiers difficiles et d'y devenir relativement suffisants. Beaucoup d'esclaves, valets de chambre,
cuisiniers, menuisiers, maçons, sans être remarquables,
s'acquittent bien des fonctions spéciales qui leur sont dévo-
lues; et, si on leur laisse assez de liberté, tout en les surveillant, si on les traite avec douceur, ils constituent de
bons serviteurs.

Mais au point de vue moral et social, ces bons serviteurs ne s'élèvent guère plus haut que les mauvais. Obséquieux au dernier degré avec leurs maîtres ou avec les personnes de marque, ils deviennent impolis et narquois avec les gens de peu, qu'ils distinguent généralement par la coupe ou la fraîcheur de l'habit. Je ne puis du reste comparer cette élite des noirs domestiques qu'à la valetaille de la haute société d'Europe, c'est-à-dire aux serviteurs des femmes entretenues, des nobles ou des financiers. C'est la même servilité, la même morgue, la même ignorance, le même mépris pour les travailleurs manuels. L'affectation de bonne tenue est seulement plus ridicule chez le noir, si bien que l'esclave en livrée n'a pas fait fortune.

De tous ces faits que conclure, sinon que généralement le noir est peu améliorable. Le séjour au milieu d'une nation civilisée comme le Brésil et les grandes libertés dont il jouit n'ont servi qu'à modifier ses formes extérieures. Le noir des villes et le pagem élégant ont davantage l'amour des friandises, des beaux habits et des distinctions; mais ils conservent la même paresse et la même absence des notions conventionnelles les plus simples de famille ou de propriété.

Du reste, pour mieux établir ces difficultés d'amélioration, jetons un coup d'œil rapide sur les affranchis ou leurs descendants.

La population libre compte environ un million cinq cent mille noirs et peut-être deux fois autant de métis. Parmi les noirs à peu près purs, les meilleurs sont charpentiers, portefaix, domestiques, vendaires; mais un grand nombre vivent peu utiles, réfugiés dans les bois et dans des zônes inhabitées, souvent fort lointaines, et il n'y en a pas un sur mille qui fournisse un travail agricole ou industriel régulier. Prenons la question de plus haut, et étudions l'ensemble de la population. La situation fonctionnelle de cette population peut se résumer d'un mot: le Brésil n'a pas de peuple. Sur ses douze millions d'habitants, un million sont des Indiens inutiles et un million et demi sont esclaves. Restent à peu près neuf millions sur lesquels cinq cent mille font partie des familles propriétaires d'esclaves : ce sont des fazendaires, des avocats, des médecins, des employés, des administrateurs, des commerçants. Mais entre cette classe dirigeante et les esclaves utilisés par elle, la place n'est pas suffisamment remplie. Six millions d'habitants au moins naissent, végètent et meurent sans avoir servi leur pays. Dans les campagnes, ils seront aggregados de fazenda, cabocles, caipiras ; dans les villes, ils seront capangas, capoeiras, ou simplement paresseux et ivrognes. Capables souvent de travaux pénibles, comme ceux du défrichement ou de la conduction des troupeaux, ils n'auront ni idée d'épargne ni labeur suivi. Les plus intelligents, les plus actifs, soit deux millions peut être, seront commerçants ou employés, domestiques ou artisans ; mais nulle part on ne trouvera ces masses fortement organisées de producteurs libres agricoles ou industriels, qui, dans nos peuples civilisés, sont la base de toute la richesse, comme aussi on ne trouvera pas de masses d'électeurs sachant penser et voter, capables d'imposer au gouvernement une direction définie. Par suite, le pouvoir personnel, le pouvoir modérateur résumé dans un homme s'impose encore au Brésil ; et son utilité, sa nécessité ne sauraient être niées tant qu'il n'existera pas autre chose que des états-majors politiques, bien composés du reste, entre lesquels se partagent les classes dirigeantes.

Il faut tenir compte de tous ces faits si l'on veut apprécier, comme je vais essayer de le faire en terminant, l'évolution future du Brésil.

Je ne nie pas la possibilité d'utiliser le noir comme élément actif de peuplement. Tandis que beaucoup pensent
que cette race disparaîtra, comme d'autres, au contact plus
complet des races blanches et de leur civilisation sans avoir
dép... la phase enfantine de son évolution, tout me semble prouver que les races noires luttent avantageusement
avec les races blanches au point de vue du peuplement.
Les esclaves ou mieux leurs descendants paraissent avoir
accru leur nombre dans certaines régions du Brésil
et notamment à Bahia. Leurs croisements avec les blancs
sont féconds, et quoique le degré et la durée de cette fécon-
dité soient mal étudiés, il est certain que l'élément noir
gardera au Brésil pendant des siècles une grande importance numérique.

Je crois aussi qu'il gardera une grande importance sociologique, et je crois même que son rôle actuel pourra être
augmenté par une meilleure utilisation.

S'il a les défauts de l'enfant, le noir en a aussi les qualités ; et, parmi ces qualités, il faut mettre au premier rang
l'amour-propre, ou, si l'on aime mieux, l'orgueil. Cet
orgueil se manifeste aujourd'hui par mille faits sans valeur,
par cette manie de copier le maître, par cet amour des
beaux habits ou des distinctions ; mais il n'est pas douteux
que dans d'autres conditions sociales de lutte plus active
cette qualité persistera, et elle sera utile à tous comme elle
l'a déjà été aux Minas et à quelques autres.

D'un autre côté, la continuation des croisements dimi-
nuera rapidement le nombre des noirs purs si bien que
les métis déjà très nombreux deviendront prédominants.

Or je ne crois pas qu'il existe d'exemple d'un mélange entraînant, un relèvement de race plus brusque et plus complet : il y a bien des choses communes entre le noir et le métis ; mais il n'est pas niable qu'au point de vue céérébral et intellectuel ce métis fait partie du type le plus élevé. Il reste trop souvent apathique et paresseux, mais souvent aussi il sait travailler et lutter ; et, grâce à cette lutte, il a déjà conquis dans la société une place très importante.

Tandis que les noirs de race pure, affranchis ou nés libres, sont restés presque tous confinés dans des situations inférieures, les métis au contraire ont pu s'élever à tous les degrés de l'échelle sociale : ils ne sont pas seulement portefaix, garçons de bureau, étaliers, ils sont commerçants, grands propriétaires, et surtout ils sont ingénieurs, médecins de talent, orateurs pleins de verve et d'éclat. On les retrouve partout ; mais on les retrouve surtout dans le fonctionnarisme, dans l'administration à laquelle ils ont fourni beaucoup de ses hommes les plus utiles et les plus distingués, aussi bien dans les conseils de l'empire ou les assemblées que dans toutes les situations moins hautes de la machine administrative.

Si l'on a bien suivi tout ce que j'ai déjà écrit, on a compris que le noir ou le métis étaient très aptes à remplir certaines fonctions sociales, et par exemple celles que Spencer a si bien réunies sous le nom de fonctions distributrices ou fonctions de relation ; mais ils restaient inhabiles aux fonctions les plus importantes, aux fonctions de production qui demandent un labeur suivi et régulier. Cette spécialisation fonctionnelle d'une race ou d'une variété ethnique n'a du reste rien de particulier aux éléments noirs du Brésil ; et d'autres races dans d'autres corps sociaux se sont adaptées à certaines attributions déterminées, si bien qu'il n'est guère de grandes nations où la division du travail n'ait été le produit des différences biologiques.

Le Brésil a des classes dirigeantes instruites, amies du progrès, organisées sur les bases les plus larges ; il a des artisans et des soldats, des commerçants, des domestiques, et il peut en augmenter indéfiniment le nombre avec ses éléments actuels de population.

Ce qui lui manque, ce sont des travailleurs manuels, actifs, capables d'un labeur suivi et intelligent ; ce sont des citoyens libres, propriétaires d'un sol qu'ils seraient capables de féconder ; ce sont des hommes d'initiative constante et de lutte perpétuelle, qui créent des exploitations et une épargne dont dépendraient la richesse et l'outillage national. Ces producteurs, le Brésil ne les a pas, et il ne peut les faire rapidement avec ses éléments actuels ; pour utiliser ses immenses richesses naturelles ou simplement pour remplacer les esclaves qui vont manquer il faut qu'il aille les demander aux nations où ils surabondent, c'est-à-dire à l'Europe. La colonisation par l'esclave a produit toutes les difficultés actuelles, et il n'est que temps de faire la colonisation par l'homme libre.

Je termine ici cette exposition déjà longue, où je me suis occupé surtout du noir de race pure : logiquement je devrais la faire suivre d'une étude analogue sur le métissage et d'une autre sur la colonisation, et peut-être un jour l'essayerai-je. Aujourd'hui je termine par une déclaration que certains détails de cet article me semblent rendre nécessaire.

Homme de science, habitué par des études antérieures

de médecine ou d'expérimentation à rechercher dans toutes les questions une solution et une utilité, je ne crois pas aux idées *a priori* ou aux grands principes toujours les mêmes. L'égalité des hommes me paraît aussi peu vraie que leur fraternité ; et, cherchant à voir les choses et non les mots, je me demande si, dans quelques siècles, certaines formes de salariat ne paraîtront pas plus inhumaines et plus injustes que l'esclavage, comme il est pratiqué au Brésil.

Par suite, je suis exposé à une accusation : on me reprochera d'avoir négligé le côté sentimental, le côté humain sous lequel les questions de transformation du travail ont été le plus souvent abordées ; et cependant personne n'admet plus que moi l'importance de cet ordre de faits, et personne ne désire davantage les réformes, toutes les réformes utiles à ceux qui sont insuffisamment protégés.

Qu'il s'agisse en Europe d'assurer l'enfant et le vieillard contre l'abandon, de garantir l'ouvrier contre le chômage ou l'ouvrière contre la misère et la prostitution ; qu'il s'agisse au Brésil de transformer les esclaves, de les éduquer, de les habituer à la vie libre et de les rendre utiles sous une nouvelle forme ; j'approuverai toujours l'intervention des divers pouvoirs publics, parce qu'elle sera véritablement utile à faciliter des évolutions individuelles et par là à hâter l'avancement national.

Mais mis en présence d'intérêts opposés, avant les intérêts individuels je place les intérêts nationaux qui, d'après moi, doivent seuls importer au législateur ; et, dans tous les cas, j'attache peu d'importance aux réformes sans portée destinées à satisfaire à des obligations théoriques et non à pourvoir à des utilités réelles.

Je considère aussi que chaque question sociologique

doit être résolue là où elle est posée, par des hommes compétents qui étudient leur milieu sans se préoccuper de ce que d'autres nations ont pu faire ou penser.

Je crois qu'un étranger, voyant de loin ou en passant, est toujours fort peu apte à apprécier un pays dont il n'a ni les mœurs ni l'éducation ou la conformation cérébrale ; et, après deux ans de séjour au Brésil, je n'aurais pas eu l'ambition d'étudier une des questions capitales de son évolution si des fonctions publiques dans une des grandes écoles de Rio-Janeiro ne m'en avaient imposé le devoir et la nécessité.

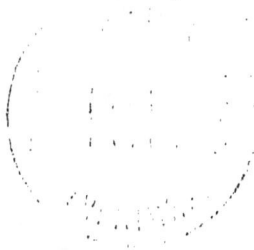

Typ. A. PARENT, rue Monsieur-le-Prince, 31.

A. DAVY, SUCCESSEUR.

Librairie GUILLAUMIN et Cie, rue Richelieu

DERNIÈRES PUBLICATIONS

Manuel de morale et d'économie politique, par M. J.-L. [...]
teur général de l'instruction publique. Ouvrage qui a [...]
extraordinaire de 10,000 fr. proposé par l'Académie des [...]
rales et politiques. 2ᵉ édition. 1 vol. in-18. Prix.

Théorie générale de l'État, par M. BLUNTSCHLI, docteur en [...]
fesseur ordinaire à l'Université d'Heidelberg, traduit par [...]
MATTER, docteur en droit. 2ᵉ édition. 1 vol. in-8. Prix.

Histoire des banques en France, par M. Alph. COURTOIS [...]
avec un portrait de Law. 1 vol. in-8. Prix.

Le Droit international théorique et pratique, précédé d'un [...]
torique des progrès de la science du Droit des gens, par [...]
ancien ministre. 4 vol. gr. in-8. Prix.

**Les magasins généraux considérés spécialement comme [...]
crédit**, par M. Paul Adam. 1 vol. in-8. Prix.

Histoire des Équitables Pionniers de Rochdale, de HOLYOAKE [...]
FRANCESCO VIGANO. 1 vol. gr. in-8. Prix.

Études économiques, par Arthur Legrand [...]

Petit Manuel d'économie politique à l'usage des [...]
thèques populaires d'Oto France, à l'écoute [...]
[...]

Avenir de grandes associations agricoles [...]
Monod, [...]

[...]

[...]

www.ingramcontent.com/pod-product-compliance
Lightning Source LLC
Chambersburg PA
CBHW052100270326
41931CB00012B/2830